わからないを わかるにかえる

英検® 単語帳

BUNRI

はじめに INTRODUCTION

この度，大人気の超基礎問題集『わからないをわかるにかえる』の英検シリーズに単語帳が登場しました。英検合格を目指してがんばるみなさまの中には，「おぼえたつもりなのに，試験に出るとわからない」「試験までに１冊の単語帳をやり切れない」といった悩みを抱えている方々も多いのではないかと思います。これらの悩みを解決するべく，様々な工夫を凝らした**絶対におぼえられる単語帳**が誕生しました。

絶対におぼえられる 5つの工夫

1 別冊の『テストブック』で定着が確認できる！

本書には別冊で『**わかるにかえる! 5分間テストブック**』をつけました。単語帳の１回分の学習量（見開き２ページ）に１ページで対応しています。**すべての単語・熟語**が出題されるので，もれなく定着の確認ができます。

2 単語・熟語を厳選し，1単元分の取り組む分量が明確だから，最後までやり切れる！

過去問を分析し，**合格に必要な単語・熟語を厳選**。**単語帳２ページ+テストブック１ページ**で，計画的に勉強を進めやすい構成にしました。

3 開きやすいから書き込んで使える！

つくえの上で開いて書き込みができるように，**開きやすい製本**にしました。単語帳に書き込みをしたり，単語帳を見ながら別の紙に写したり…定着に欠かせない「書く」練習にも最適です。

4 掲載されているすべての英語を無料の音声で確認できる！

単語帳に掲載されている**すべての見出し語・フレーズ・例文**に音声をつけました。音声を聞きながら勉強すると，リスニング問題にも役立ちます。

5 無料単語学習アプリ『どこでもワーク』でいつでもどこでも見直せる！

スキマ時間にも学習ができる単語学習アプリをつけました。**単語・熟語カード**と**3択クイズ**の２つの機能によって，くりかえし学習することが可能です。

もくじ CONTENTS

イラスト：
BONNOUM

この本の構成

（ 単語編 ）

過去問を分析して，英検に「とてもよく出る単語」と「よく出る単語」を品詞別に収録しました！

●見出し語の和訳：英検によく出る意味を中心に紹介します。赤シートを使ってチェックができます。

●見出し語：英検によく出る順番で単語を紹介します。

●フレーズと和訳：英検によく出る形で紹介します。見出し語にあたる部分の和訳は赤シートで隠すことができます。

●チェック欄：おぼえていなかった単語には✓を入れましょう。

●発音記号・カタカナ表記：見出し語の読み方を表します。カタカナ表記はあくまでも目安です。

●コメント：単語をおぼえるための知識や英検で出題されるときのポイントをキャラクターが説明します。

単語帳

1 とてもよく出る単語 動詞①　0001～0016

0001 **last** [læst] ラスト	動 続く，持続する 形 最後の，この前の ▶ last for two hours 2時間続く
0002 **leave** [li:v] リーヴ	動 ～を…にしておく，～を置き忘れる 変化形 leave - left - left ▶ leave the gate open 門を開けておく
0003 **create** [kriéit] クリエイト 発音	動 ～をつくり出す，～を創造する ▶ create a new job 新しい職をつくり出す
0004 **develop** [divéləp] ディヴェロプ アクセント	動 ～を開発する，～を発達させる ▶ develop software ソフトウェアを開発する
0005 **let** [let] レット	動 ～に…させる，～が…するのを許す 変化形 let - let - let ▶ let me know 私に知らせる
0006 **increase** [inkrí:s] インクリース アクセント	動 増加する，～を増やす 名 増加 [ínkri:s] ▶ increase by degrees 徐々に増加する
0007 **suggest** [sədʒést] サヂェスト	動 ～を示唆する，～を提案する ▶ suggest that you are right あなたが正しいことを示唆する
0008 **allow** [əláu] アラウ 発音	動 ～を許す ▶ allow him to use the room 彼にその部屋を使うことを許す

last は形容詞のほかに，動詞としても使うよ。

be allowed to ～「～することが許される」の形でもよく出るよ。

12

※このコンテンツは，公益財団法人 日本英語検定協会の承認や推奨，その他の検討を受けたものではありません。

●音声ファイル名・QRコード：音声を聞くことができます。→くわしくは**p.7**

●インジケーター：何語まで取り組んだかがわかります。

※QRコードは(株)デンソーウェーブの登録商標です。

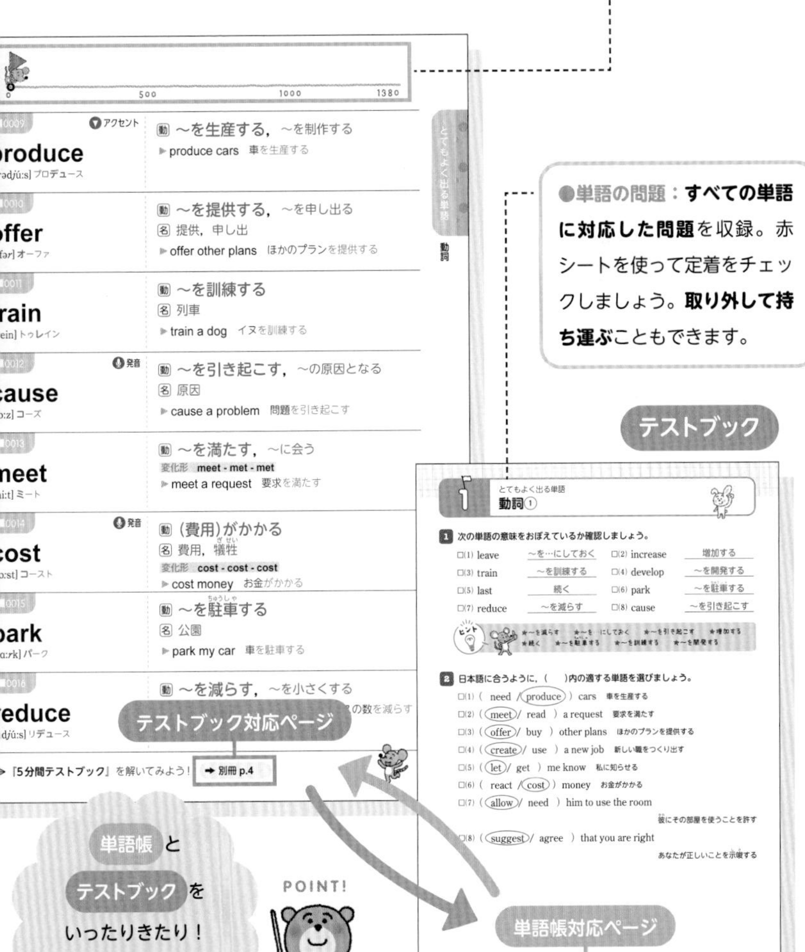

熟語編・会話表現編

熟語編

過去問を分析(ぶんせき)して，
「とてもよく出る熟語」と
「よく出る熟語」を収録しました。
英検によく出る用例を調べ，
すべてに例文を掲載(けいさい)。
音声を聞きながら
学習しましょう。

61 とてもよく出る熟語
動詞の働きをする熟語① 0961～0974

0961 **allow ～ to *do***	～が…するのを許す，(主語によって)～が…できる
▶ My father **allowed** me **to go** to the concert alone. 父は私が1人でコンサートに行くのを許した。	
0962 **be based on ～**	～に基づいている
▶ This novel **is based on** his real experiences. この小説は彼の実体験に基づいている。	
0963 **lead to ～**	～につながる，～に(必然的に)発展する
▶ This way **leads to** the station. この道は駅につながっている。	
0964 **come up with ～**	～を思いつく
▶ I **came up with** a great idea. 私はすばらしいアイデアを思いついた。	
0965 **prevent ～ from *doing***	～が…するのを防ぐ
▶ The police **prevented** the man **from leaving**. 警察は男が立ち去るのを防いだ。	
0966 **work on ～**	～に取り組む
▶ Recently, she has been **working on** writing a novel. 最近，彼女は小説を書くことにずっと取り組んでいる。	
0967 **set up ～**	～を設置する，～を設定する
▶ The town **set up** signs prohibiting smoking. 町は喫煙禁止の看板を設置した。	

Based on ～「～に基づけば」という形でもよく出るよ。

136

会話表現編

過去問を分析して，
よく出る50の表現を
厳選しました。
会話例やコメントから，
英検ではどのように
出題されるのかが
わかります。

会話表現① 01～10

01 **What's wrong with ～?**	～はどうしたのですか。
A: **What's wrong with** your hand? きみの手，どうしたの？ B: I just fell over this morning. 今朝ちょっと転んだの。	
02 **How come?**	どうして？
A: I'll skip my dinner today. 今日は夕食を抜くよ。 B: **How come?** どうして？	
03 **Attention, passengers.**	乗客のみなさまにお知らせします。
Attention, passengers. We will soon arrive at North Station. 乗客のみなさまにお知らせします。まもなくノースステーションに到着します。	
04 **Don't mention it.**	どういたしまして。，とんでもないです。
A: Thank you for your kindness. ご親切にありがとうございます。 B: **Don't mention it.** どういたしまして。	
05 **Hold on a minute, please.**	(電話で)少々お待ちください。
A: May I speak to Mr. Smith, please? スミスさんをお願いできますか。 B: **Hold on a minute, please.** 少々お待ちください。	

リスニング問題の第2部，アナウンスの場面でよく出るよ。

You're welcome. と同じような意味だね。

200

熟語も **テストブック** **に対応！**すべての熟語の定着をチェックできます。

表記・音声について

表記について

品詞	動 動詞　名 名詞　形 形容詞　副 副詞　接 接続詞 前 前置詞　代 代名詞
語形変化	変化形　go - went - gone 不規則に変化する動詞を，**原形-過去形-過去分詞**の順に紹介します。
発音・アクセント	発音　発音に注意するべき語 アクセント　アクセントに注意するべき語
その他の表記	▶ フレーズ・例文　( ) 省略可能，補足説明　[ ] 直前の語句と言い換え可能 ***one's*** 人を表す語句が入る　***do*** 動詞の原形が入る ***doing*** 動詞の-ing形が入る　***done*** 過去分詞が入る

音声の再生方法

本書では以下の音声を ❶ ～ ❸ の3つの方法で再生することができます。

- **単語編**：見出し語→見出し語の和訳，見出し語→フレーズ・例文（英語）
- **熟語編**：見出し語→見出し語の和訳，見出し語→例文（英語）
- **会話表現編**：見出し語→見出し語の和訳，見出し語→例文（英語）

1 QRコードを読み取る

各単元の冒頭についている，QRコードを読み取ってください。

1 とてもよく出る単語
動詞①

0001～0016

2 PC・スマートフォンからアクセスする

WEBサイト **https://listening.bunri.co.jp/** へアクセスし，
アクセスコード［ CXWCF ］を入力してください。

3 音声をダウンロードする

文理ホームページよりダウンロードも可能です。
URL：https://portal.bunri.jp/kaeru/eiken-tango/appendix.html
※【スマホ推奨ブラウザ】iOS 端末：Safari　Android 端末：標準ブラウザ，Chrome

この本の使い方 単語帳とテストブック

英単語を絶対に忘れないために，本書のおすすめの使い方を紹介します。

1回分の使い方

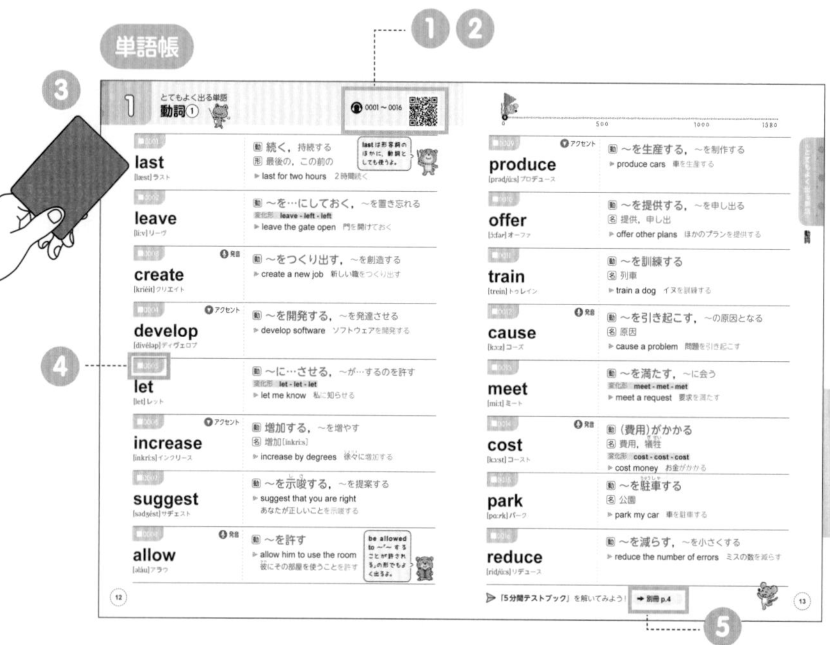

単語帳
① ②
③
④
⑤
1 とてもよく出る単語 動詞①
0001～0016
0 500 1000 1380
last [læst] ラスト 動 続く，持続する 形 最後の，この前の ▶ last for two hours 2時間続く
last は形容詞のほかに，動詞としても使うよ。
leave [liːv] リーヴ 動 ～を…にしておく，～を置き忘れる 変化形 leave - left - left ▶ leave the gate open 門を開けておく
create [kriéit] クリエイト 発音 動 ～をつくり出す，～を創造する ▶ create a new job 新しい職をつくり出す
develop [divéləp] ディヴェロプ アクセント 動 ～を開発する，～を発達させる ▶ develop software ソフトウェアを開発する
let [let] レット 動 ～に…させる，～が…するのを許す 変化形 let - let - let ▶ let me know 私に知らせる
increase [inkríːs] インクリース アクセント 動 増加する，～を増やす 名 増加 [ínkriːs] ▶ increase by degrees 徐々に増加する
suggest [sədʒést] サヂェスト 動 ～を示唆する，～を提案する ▶ suggest that you are right あなたが正しいことを示唆する
allow [əláu] アラウ 発音 動 ～を許す ▶ allow him to use the room 彼にその部屋を使うことを許す
be allowed to ～「～することが許される」の形でもよく出るよ。
produce [prədjúːs] プロデュース アクセント 動 ～を生産する，～を制作する ▶ produce cars 車を生産する
offer [ɔ́ːfər] オーファ 動 ～を提供する，～を申し出る 名 提供，申し出 ▶ offer other plans ほかのプランを提供する
train [trein] トゥレイン 動 ～を訓練する 名 列車 ▶ train a dog イヌを訓練する
cause [kɔːz] コーズ 発音 動 ～を引き起こす，～の原因となる 名 原因 ▶ cause a problem 問題を引き起こす
meet [miːt] ミート 動 ～を満たす，～に会う 変化形 meet - met - met ▶ meet a request 要求を満たす
cost [kɔːst] コースト 発音 動 (費用)がかかる 名 費用，犠牲 変化形 cost - cost - cost ▶ cost money お金がかかる
park [pɑːrk] パーク 動 ～を駐車する 名 公園 ▶ park my car 車を駐車する
reduce [ridjúːs] リデュース 動 ～を減らす，～を小さくする ▶ reduce the number of errors ミスの数を減らす
「5分間テストブック」を解いてみよう！ ➡ 別冊 p.4
12
13

HOW TO USE

❶ **単語音声を聞く** 「見出し語→見出し語の和訳」の音声を聞きます。
音とあわせて単語のつづりを確認しましょう。

❷ **フレーズや例文の音声を聞く** フレーズや例文の音声を聞きます。

❸ **赤シートで確認する** 見出し語の和訳を隠しておぼえているかどうか確認します。

❹ **チェックする** すぐに意味が思い浮かばなかった単語にはチェックをつけておきます。
復習して完全に身についていたら，チェックを消しましょう。

❺ **別冊のテストブックに挑戦する** テストブックの該当のページを開きましょう。

単語学習アプリ どこでもワーク

本書に対応した**単語・熟語カード**と**3択クイズ**ができるアプリです。
右のQRコードからダウンロードしてください。**アクセスコード［ CXWCF ］**

※音声配信サービスおよび「どこでもワーク」は無料ですが，別途各通信会社の通信料がかかります。
※お客様のネット環境および端末によりご利用いただけない場合がございます。

テストブック

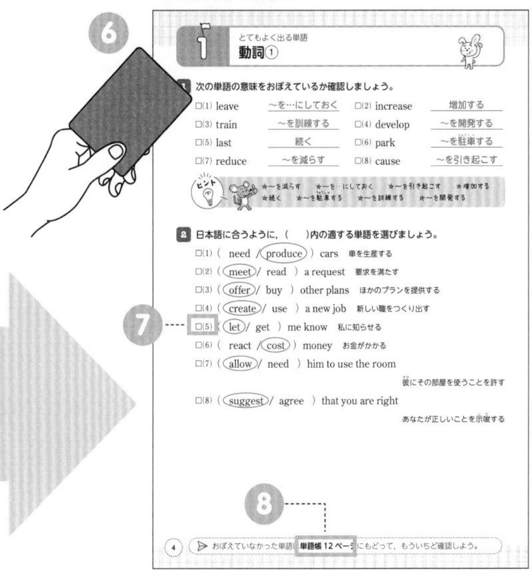

単語帳で
おぼえたあとに，
テストでチェック。
スキマ時間は
どこでもワークを
活用すればカンペキ！

⑥ **テストをとく** 赤シートを使ってテストをときます。

テストでは単語帳の見開き２ページで学習したすべての単語の確認ができます。

⑦ **チェックする** わからなかった単語にはチェックをつけておきます。

⑧ **単語帳対応ページを確認する** テストで間違えたところは単語帳にもどってもう一度確認しましょう。

この本の使い方 タイプ別学習方法

英単語を絶対に忘れないために，本書のおすすめの使い方を紹介します。

本番まで2か月 コツコツゆっくりコース

スタート！

2か月前	1か月前	本番

- 平日は1単元×5日　週末は4単元×2日
- チェックが入った単語を復習

2か月お疲れ様！チェックが入った単語を総復習しよう！

本番まで1か月 週末集中コース

スタート！

1か月前	本番

- 週末に12単元×2日
- 平日のスキマ時間に『どこでもワーク』で強化！

スキマ時間をうまく使えたかな？チェックが入った単語を見直そう！

本番まで2週間 直前追い込みコース

スタート！

2週間前	本番

- 平日は6単元×5日　週末は9単元×2日
- 3日に1回チェックが入った単語を復習

短い期間でよくがんばったね！チェックが入った単語を中心に仕上げよう！

あなたはどのコースで学習する？

○をつけて，進め方の参考にしましょう。

コツコツゆっくりコース　／　週末集中コース　／　直前追い込みコース

予定にあわせて，1日の単元数を調節してね！

単語編

とてもよく出る 単語560

この章では英検で
とてもよく出る単語を学習するよ！
くりかえし学習して確実に身につけよう！

0001
last
[læst] ラスト

動 **続く，** 持続する
形 最後の，この前の
▶ last for two hours　2時間続く

lastは形容詞のほかに，動詞としても使うよ。

0002
leave
[li:v] リーヴ

動 **～を…にしておく，** ～を置き忘れる
変化形 **leave - left - left**
▶ leave the gate open　門を開けておく

0003 発音
create
[kriéit] クリエイト

動 **～をつくり出す，** ～を創造する
▶ create a new job　新しい職をつくり出す

0004 アクセント
develop
[divéləp] ディヴェロプ

動 **～を開発する，** ～を発達させる
▶ develop software　ソフトウェアを開発する

0005
let
[let] レット

動 **～に…させる，** ～が…するのを許す
変化形 **let - let - let**
▶ let me know　私に知らせる

0006 アクセント
increase
[inkrí:s] インクリース

動 **増加する，** ～を増やす
名 増加[ínkri:s]
▶ increase by degrees　徐々(じょじょ)に増加する

0007
suggest
[səd͡ʒést] サヂェスト

動 **～を示唆(しさ)する，** ～を提案する
▶ suggest that you are right
あなたが正しいことを示唆する

0008 発音
allow
[əláu] アラウ

動 **～を許す**
▶ allow him to use the room
彼(かれ)にその部屋を使うことを許す

be allowed to ～「～することが許される」の形でもよく出るよ。

0 500 1000 1380

0009 アクセント

produce

[prədjúːs] プロデュース

動 ～を生産する，～を制作する

▶ produce cars　車を生産する

0010

offer

[ɔ́ːfər] オーファ

動 ～を提供する，～を申し出る

名 提供，申し出

▶ offer other plans　ほかのプランを提供する

0011

train

[trein] トゥレイン

動 ～を訓練する

名 列車

▶ train a dog　イヌを訓練する

0012 発音

cause

[kɔːz] コーズ

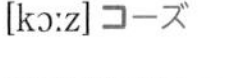

動 ～を引き起こす，～の原因となる

名 原因

▶ cause a problem　問題を引き起こす

0013

meet

[miːt] ミート

動 ～を満たす，～に会う

変化形 **meet - met - met**

▶ meet a request　要求を満たす

0014 発音

cost

[kɔːst] コースト

動 (費用)がかかる

名 費用，犠牲(ぎせい)

変化形 **cost - cost - cost**

▶ cost money　お金がかかる

0015

park

[pɑːrk] パーク

動 ～を駐車(ちゅうしゃ)する

名 公園

▶ park my car　車を駐車する

0016

reduce

[ridjúːs] リデュース

動 ～を減らす，～を小さくする

▶ reduce the number of errors　ミスの数を減らす

『5分間テストブック』を解いてみよう！ ➡ 別冊 p.4

□0017
land
[lænd] ランド

動 **着陸する**，上陸する
名 陸，土地
▶ land on the moon　月に着陸する

□0018
drive
[draiv] ドゥライヴ

動 **～を(ある状態に)追いやる，** ～を運転する
変化形 **drive - drove - driven**
▶ drive me mad　私を怒(おこ)らせる

□0019
check
[tʃek] チェック

動 **～をチェックする，** ～を点検する
名 検査，会計伝票
▶ check the number of words　語数をチェックする

□0020　発音
damage
[dǽmidʒ] ダミヂ

動 **～に被害(ひがい)を与(あた)える，** ～にダメージを与える　名 被害，ダメージ
▶ damage crops　作物に被害を与える

□0021
run
[rʌn] ラン

動 **～を経営する，** 走る
変化形 **run - ran - run**
▶ run a company　会社を経営する

run は「走る」という意味以外でも問われるから注意！

□0022
protect
[prətékt] プロテクト

動 **～を保護する**
▶ protect the environment　環境(かんきょう)を保護する

□0023
own
[oun] オウン

動 **～を所有している**
形 自分自身の，特有の
▶ own a small car　小型車を所有している

□0024
provide
[prəváid] プロヴァイド

動 **～を供給する，** ～を提供する
▶ provide more water　さらに多くの水を供給する

0　　500　　1000　　1380

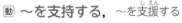

0025　▼アクセント

apologize

[əpɑ́lədʒaiz] アパロヂャイズ

動 **謝る**

▶ apologize to her　彼女(かのじょ)に謝る

0026　発音

improve

[imprú:v] インプルーヴ

動 **～を向上させる，**～を進歩させる

▶ improve the workers' skills
作業者の技術を向上させる

0027

follow

[fɑ́lou] ファロウ

動 **～に従う，**～に続く

▶ follow the rules　ルールに従う

0028

expect

[ikspékt] イクスペクト

動 **～を予想する，**～を期待する

▶ expect a loss　損失を予想する

0029

care

[keər] ケア

動 **気にかける**

名 心配，世話

▶ care about money　お金のことを気にかける

0030

attach

[ətǽtʃ] アタッチ

動 **～を添付(てんぷ)する，**～を取り付ける

▶ attach some files to the e-mail
いくつかのファイルをメールに添付する

0031

surprise

[sərpráiz] サプライズ

動 **～を驚(おどろ)かす**

▶ surprise me a lot
私をとても驚かす

受け身の **be surprised at [by]** ～「～に驚く」でよく使うよ。

0032

support

[səpɔ́:rt] サポート

動 **～を支持する，**～を支援(しえん)する

名 支持，支援

▶ support the theory　その理論を支持する

『5分間テストブック』を解いてみよう！　➜ 別冊 p.5

■0033

recycle
[riːsáikl] リーサイクル

動 ～を再生利用する，～をリサイクルする
▶ recycle metal
金属を再生利用する

「リサイクルする」
と日本語でも
いうね。

■0034

contain
[kəntéin] コンテイン

動 ～を含(ふく)む
▶ contain several types of vitamins
いくつかの種類のビタミンを含む

■0035

publish
[pʌ́bliʃ] パブリシ

動 ～を出版する，～を発表する
▶ publish a cookbook 料理本を出版する

■0036

cancel
[kǽnsl] キャンスル

動 ～を取り消す
▶ cancel a booking 予約を取り消す

■0037

replace
[ripléis] リプレイス

動 ～を取(と)り替(か)える，～に取って代わる
▶ replace batteries バッテリーを取り替える

■0038

face
[feis] フェイス

動 ～に直面する，～の方に顔を向ける
名 顔，表情
▶ face difficulties 困難に直面する

■0039 アクセント

agree
[əgríː] アグリー

動 意見が一致(いっち)する，同意する
▶ agree with you あなたと意見が一致する

■0040

attract
[ətrǽkt] アトゥラクト

動 (注意・興味など)を引く，
～を魅惑(みわく)する
▶ attract young people 若者たちの興味を引く

0041

attend

[əténd] アテンド

動 ～に出席する，～に通う

▶ attend an opening ceremony　開会式に出席する

0042　▼アクセント

prevent

[privént] プリヴェント

動 ～を防ぐ，～を妨(さまた)げる

▶ prevent natural disasters　自然災害を防ぐ

0043

prepare

[pripéər] プリペア

動 ～を準備する

▶ prepare a presentation
プレゼンテーションを準備する

prevent や prepare の接頭辞 pre- は「前もって」の意味をもつよ！

0044

lead

[li:d] リード

動 (生活・人生)を送る，
(lead ～ to ... で) ～を…へ連れていく

変化形　**lead - led - led**

▶ lead a healthy life　健康的な生活を送る

0045

serve

[sə:rv] サーヴ

動 (飲食物)を出す，～に仕える

▶ serve snacks　軽食を出す

0046

point

[pɔint] ポイント

動 (物・武器など)を向ける，～を指し示す
名 論点，目的

▶ point a camera at me　私にカメラを向ける

0047

hike

[haik] ハイク

動 ハイキングをする

▶ hike in the mountains　山の中でハイキングをする

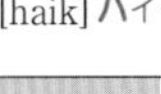
0048　▼アクセント

recommend

[rekəménd] レコメンド

動 ～を薦(すす)める

▶ recommend a good restaurant
よいレストランを薦める

『5分間テストブック』を解いてみよう！　➜ 別冊 p.6

0049～0064

0049

charge

[tʃɑːrdʒ] チャーヂ

動 (金額)を請求(せいきゅう)する，～を告発する

名 料金，告発

▶ charge an extra fee　追加料金を請求する

0050

relax

[rilǽks] リラックス

動 くつろぐ，緩(ゆる)む

▶ a way to relax mentally　精神的にくつろぐ方法

0051

lower

[lóuər] ロウア

動 ～を下げる，～を低くする

形 低い方の，下位の

▶ lower the price　価格を下げる

0052　発音

guess

[ges] ゲス

動 ～を推測する，～だと思う

▶ guess his age
彼(かれ)の年齢(ねんれい)を推測する

Guess what?「ねぇ，ちょっと聞いてよ」も会話で出るよ。

0053　アクセント

occur

[əkə́ːr] オカー

動 起こる，思(おも)い浮(う)かぶ

▶ occur suddenly　突然(とつぜん)起こる

0054

control

[kəntróul] コントゥロウル

動 ～を支配する，～を抑制(よくせい)する

名 支配，抑制

▶ control people in this country　この国の人々を支配する

0055

release

[rilíːs] リリース

動 ～を放つ，～を解放する

名 釈放(しゃくほう)，発表

▶ release fish into the river　川の中へ魚を放つ

0056

deliver

[dilívər] ディリヴァ

動 ～を配達する

▶ deliver food　食べ物を配達する

0057

share

[ʃeər] シェア

動 ～を共有する，～を分け合う
名 分け前，役割
▶ share my knowledge with others　他人と知識を共有する

0058

base

[beis] ベイス

動 （base ～ on ... で）…に～の基礎（きそ）を置く
▶ base my decision on your opinions
あなたたちの意見に私の判断の基礎を置く

0059

fix

[fiks] フィックス

動 ～を修理する，～を固定する
▶ fix a car
車を修理する

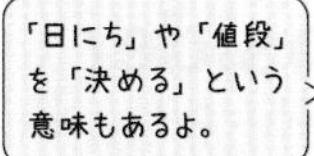

「日にち」や「値段」
を「決める」という
意味もあるよ。

0060　アクセント

decrease

[dikríːs] ディクリース

動 ～を減らす，減少する
名 減少[díːkriːs]
▶ decrease food waste　食品廃棄物（しょくひんはいきぶつ）を減らす

0061

shape

[ʃeip] シェイプ

動 ～を形づくる
名 形，（健康）状態
▶ shape my character　性格を形づくる

0062

marry

[mǽri] マリィ

動 ～と結婚（けっこん）する
▶ marry you　あなたと結婚する

0063

contact

[kántækt] カンタクト

動 ～と連絡（れんらく）を取る，～と接触（せっしょく）する
名 連絡，接触
▶ contact you by e-mail　メールであなたと連絡を取る

0064　発音

purchase

[pə́ːrtʃəs] パーチェス

動 ～を購入（こうにゅう）する　名 購入，買ったもの
▶ purchase some furniture
いくつかの家具を購入する

『5分間テストブック』を解いてみよう！　➡ 別冊 p.7

□0065 アクセント

prefer
[prifə́:r] プリファー

動 ～の方を好む
▶ prefer black coffee　ブラックコーヒーの方を好む

□0066 発音

suit
[su:t] スート

動 ～に似合う，～に都合がよい
名 訴訟（そしょう），スーツ
▶ suit you well　あなたによく似合う

□0067 アクセント

consider
[kənsídər] コンスィダァ

動 （consider ～ (to be) ... で）～を…と見なす，～をよく考える
▶ consider you (to be) a friend　あなたを友人だと見なす

□0068

match
[mætʃ] マッチ

動 ～と調和する，～に匹敵（ひってき）する　名 試合
▶ This chair matches my table.
この椅子（いす）は私のテーブルと調和する。

名詞の「試合」という意味もチェック!

□0069

rise
[raiz] ライズ

動 上昇（じょうしょう）する，増す
名 上昇，増大
変化形　**rise - rose - risen**
▶ rise into the sky　空へ上昇する

□0070

complain
[kəmpléin] コンプレイン

動 不平を言う
▶ complain about bad service
悪いサービスに不平を言う

□0071

apply
[əplái] アプライ

動 申（もう）し込（こ）む，～を応用［適用］する
▶ apply for that job　その仕事に申し込む

□0072

repair
[ripéər] リペア

動 ～を修理する
名 修理
▶ repair a watch　腕時計（うでどけい）を修理する

□0073

print
[print] プリント

動 ～を印刷する

▶ print some documents いくつかの書類を印刷する

□0074

form
[fɔːrm] フォーム

動 ～を組織する，～を形づくる
名 形[型]，(記入するための)用紙

▶ form a team for a project プロジェクトのためにチームを組織する

□0075

add
[æd] アッド

動 ～を加える

▶ add some sugar いくらかの砂糖を加える

□0076 ▼アクセント

invent
[invént] インヴェント

動 ～を発明する，～を考案する

▶ invent a new robot
新しいロボットを発明する

□0077

exchange
[ikstʃéindʒ] イクスチェインヂ

動 ～を交換(こうかん)し合(あ)う，～を交換する
名 交換，交流

▶ exchange rings 指輪を交換し合う

□0078

gain
[gein] ゲイン

動 ～を得る，～を増す
名 利益，増加

▶ gain money お金を得る

□0079

belong
[bilɔ́ːŋ] ビローング

動 (belong to ～で) ～のものである

▶ belong to me 私のものである

□0080 ▼アクセント

manage
[mǽnidʒ] マニヂ

動 ～を経営[管理]する，
～を何とかやり遂(と)げる

▶ manage a shopping center ショッピングセンターを経営する

『5分間テストブック』を解いてみよう！ ➡ 別冊 p.8

0081～0096

0081
graduate
[grǽdʒueit] グラデュエイト

動 卒業する
名 卒業生[grǽdʒuət]
▶ graduate from high school　高校を卒業する

0082
perform
[pərfɔ́:rm] パフォーム

動 ～を行う，～を演じる[演奏する]
▶ perform an experiment in the laboratory
実験室で実験を行う

名詞の **performance**「実行，演奏」も一緒におぼえておこう。

0083 アクセント
destroy
[distrɔ́i] ディストゥロイ

動 ～を破壊する，～を台無しにする
▶ destroy a car　車を破壊する

0084 アクセント
promote
[prəmóut] プロモウト

動 ～を促進する，～を昇進させる
▶ promote sales　販売を促進する

0085
steal
[sti:l] スティール

動 ～を盗む
変化形 **steal - stole - stolen**
▶ steal a bag　かばんを盗む

0086
include
[inklú:d] インクルード

動 ～を含む
▶ include tax　税金を含む

0087
affect
[əfékt] アフェクト

動 ～に影響を及ぼす
▶ affect children　子どもたちに影響を及ぼす

0088
appear
[əpíər] アピア

動 ～のように見える，現れる
▶ appear sad　悲しんでいるように見える

0　500　1000　1380

0089 発音

spread
[spred] スプレッド

動 ～を広める，広まる
名 普及（ふきゅう），広まり
変化形 **spread - spread - spread**
▶ spread news　ニュースを広める

0090

preserve
[prizə́ːrv] プリザーヴ

動 ～を保存する
▶ preserve food　食べ物を保存する

0091

inform
[infɔ́ːrm] インフォーム

動 ～に通知する
▶ inform you about an event
イベントについてあなたに通知する

名詞は
information
「情報，通知」
だね。

0092

connect
[kənékt] コネクト

動 ～をつなぐ，～を関係させる
▶ connect a printer to a computer
プリンターをコンピューターへつなぐ

0093

melt
[melt] メルト

動 とける
▶ melt quickly　素早くとける

0094

encourage
[inkə́ːridʒ] インカーリヂ

動 ～を勇気づける，～に促（うなが）す
▶ encourage me　私を勇気づける

0095 発音

raise
[reiz] レイズ

動 （資金など）を調達する，
（子ども）を育てる
▶ raise funds　資金を調達する

0096 アクセント

continue
[kəntínjuː] コンティニュー

動 ～を続ける，続く
▶ continue a project　計画を続ける

『5分間テストブック』を解いてみよう！ ➡ 別冊 p.9

🎧 0097 ～ 0112

0097

require

[rikwáiər] リクワイア

動 **～を必要とする，** ～を要求する

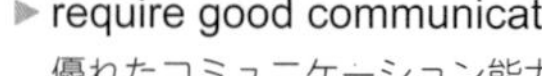

▶ require good communication skills
優れたコミュニケーション能力を必要とする

0098

suffer

[sʌ́fər] サファ

動 **苦しむ，** 患(わずら)う

▶ suffer from a bad headache
ひどい頭痛に苦しむ

0099

quit

[kwit] クウィット

動 **～をやめる**

変化形 **quit - quit - quit**

▶ quit a job　仕事をやめる

原形，過去形，過去分詞とも同じ形だよ。

0100

burn

[bəːrn] バーン

動 **～を燃やす，** ～をやけどさせる

▶ burn kitchen waste　台所のごみを燃やす

0101

examine

[igzǽmin] イグザミン

動 **～を調べる，** ～を検査する

▶ examine the things inside your bag
あなたのかばんの中のものを調べる

0102　▼アクセント

communicate

[kəmjúːnəkeit] コミューニケイト

動 **意思疎通(いしそつう)する，** ～を伝える

▶ communicate with each other
おたがいに意思疎通する

0103

accept

[əksépt] アクセプト

動 **～に応じる，** ～を受け取る

▶ accept your offer　あなたの申し入れに応じる

0104

feed

[fiːd] フィード

動 **～に食べ物[えさ]を与(あた)える**　名 えさ

変化形 **feed - fed - fed**

▶ feed my dog
イヌにえさを与える

主に動物などにえさを与えるときに使われる語だよ。

0　500　1000　1380

■0105

suppose
[səpóuz] サポウズ

動 (たぶん)~と思う
▶ suppose you are right
たぶんあなたが正しいと思う

■0106　▼アクセント

advertise
[ǽdvərtaiz] アドゥヴァタイズ

動 ~を宣伝[広告]する
▶ advertise a new product　新しい製品を宣伝する

■0107　▼アクセント

celebrate
[séləbreit] セレブレイト

動 ~を祝う
▶ celebrate a wedding anniversary
結婚記念日(けっこんきねんび)を祝う

■0108

cover
[kʌ́vər] カヴァ

動 ~を覆(おお)う，(話題など)を扱(あつか)う
名 覆い，カバー
▶ cover my face with my hands　手で顔を覆う

■0109　▼アクセント

survive
[sərváiv] サヴァイヴ

動 生き残る，存在し続ける
▶ survive in the desert　砂漠(さばく)で生き残る

■0110

announce
[ənáuns] アナウンス

動 ~を知らせる，~を公表する
▶ announce a new decision　新しい決定を知らせる

■0111

lend
[lend] レンド

動 ~に…を貸す
変化形　**lend - lent - lent**
▶ lend you some money
あなたにいくらかお金を貸す

Can you lend me a hand?「手を貸してくれる?」の表現もおぼえておこう。

■0112

fill
[fil] フィル

動 ~を満たす，~をふさぐ
▶ fill a cup with water　カップを水で満たす

『5分間テストブック』を解いてみよう！ ➡ 別冊 p.10

🎧 0113 ～ 0128

0113
remove
[rimúːv] リムーヴ

動 ～を取り除く
▶ remove bones from fish　魚から骨を取り除く

0114　アクセント
participate
[pɑːrtísəpeit] パーティスィペイト

動 参加する
▶ participate in a meeting　会議に参加する

0115
afford
[əfɔ́ːrd] アフォード

動 （can afford to *do* で）～する余裕(よゆう)がある
▶ can afford to buy a house　家を買う余裕がある

0116　アクセント
locate
[lóukeit] ロウケイト

動 （be located ～で）～に位置する
▶ be located near the station　駅の近くに位置する

0117
depend
[dipénd] ディペンド

動 （depend on ～で）～次第である，～を当てにする
▶ depend on your efforts　あなたの努力次第である

It depends on you.「あなた次第だよ」もおぼえておこう。

0118
complete
[kəmplíːt] コンプリート

動 ～を完成させる，～を仕上げる
形 完成した，完全な
▶ complete the project　そのプロジェクトを完成させる

0119　アクセント
concentrate
[kɑ́nsəntreit] カンセントゥレイト

動 集中する
▶ concentrate on your work
あなたの仕事に集中する

0120
consume
[kənsjúːm] コンス(ュ)ーム

動 ～を消費する
▶ consume a lot of energy
多くのエネルギーを消費する

0　500　1000　1380

0121

remind
[rimáind] リマインド

動 〜に思い出させる

▶ remind me of my childhood
子どものころを私に思い出させる

0122

rely
[rilái] リライ

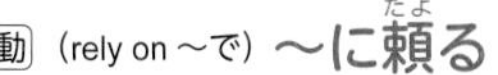
動 (rely on 〜で) 〜に頼(たよ)る

▶ rely on my parents　両親に頼る

0123　▼アクセント

transfer
[trænsfə́ːr] トゥランスファー

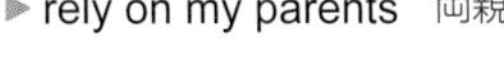
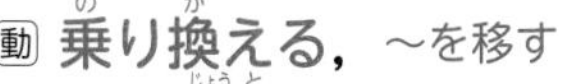
動 乗(の)り換(か)える, 〜を移す

名 移転, 譲渡(じょうと), 乗り換え [trǽnsfəːr]

電車の乗り換えなどの場面で出てくるよ。

▶ transfer at the next station　次の駅で乗り換える

0124

supply
[səplái] サプライ

動 〜を供給する, 〜に供給する

名 供給

▶ supply water　水を供給する

0125

migrate
[máigreit] マイグレイト

動 移住する,
(鳥・魚が)定期的に移動する

▶ migrate to Europe　ヨーロッパへ移住する

0126

chat
[tʃæt] チャット

動 おしゃべりする

▶ chat with my friend　友達とおしゃべりする

0127

ship
[ʃip] シップ

動 〜を送る, 〜を輸送する

名 船

▶ ship a package　小包を送る

0128

waste
[weist] ウェイスト

動 〜を浪費(ろうひ)する　名 浪費, 廃棄物(はいきぶつ)

形 廃物の, 不用の

▶ waste a lot of money　大金を浪費する

『5分間テストブック』を解いてみよう！　➜ 別冊 p.11

0129～0144

■0129

treat

[triːt] トゥリート

動 ～を扱う，～を治療する

▶ treat her as a queen　彼女を王女のように扱う

■0130

rent

[rent] レント

動 ～を賃借りする，～を賃貸しする

名 賃貸料

▶ rent a car　車を賃借りする

■0131

promise

[prámis] プラミス

動 ～を[に]約束する

名 約束

▶ promise to meet me　私と会うことを約束する

■0132

remain

[riméin] リメイン

動 ～のままである，残る

▶ remain popular　人気のままである

■0133

involve

[inválv] インヴァルヴ

動 ～を巻き込む，～を含む

▶ involve him in the case　彼をその事件に巻き込む

■0134

argue

[áːrgjuː] アーギュー

動 議論する，～と主張する

▶ argue about politics　政治について議論する

■0135　アクセント

discuss

[diskʌ́s] ディスカス

動 ～について議論する

▶ discuss social problems
社会問題について議論する

discuss about としないように注意！

■0136　発音

estimate

[éstəmeit] エスティメイト

動 ～を見積もる，～を評価する

名 見積もり，評価[éstəmət]

▶ estimate a cost　コストを見積もる

0137

search
[səːrtʃ] サーチ

動 探す，～を探す
名 捜索(そうさく)，（コンピューターの）検索(けんさく)
▶ search for information on the Internet　インターネットで情報を探す

0138

pack
[pæk] パック

動 ～に荷物をつめる，荷づくりをする
名 包み
▶ pack my suitcase　スーツケースに荷物をつめる

0139　▼アクセント

recognize
[rékəgnaiz] レコグナイズ

動 ～を認める，～を見分ける
▶ recognize the difficulties of this task
この仕事の難しさを認める

0140

compare
[kəmpéər] コンペア

動 ～を比較(ひかく)する，～を例える
▶ compare the two products　２つの製品を比較する

0141

count
[kaunt] カウント

動 ～を数える，重要である
名 計算，勘定(かんじょう)
▶ count the number of pages　ページ数を数える

0142

disturb
[distə́ːrb] ディスターブ

動 ～に迷惑(めいわく)をかける，～の邪魔(じゃま)をする
▶ disturb many people
たくさんの人々に迷惑をかける

0143

surf
[səːrf] サーフ

動 （ウェブサイトなど）を見て回る，サーフィンをする
▶ surf the Internet　インターネットを見て回る

0144

expand
[ikspǽnd] イクスパンド

動 ～を拡大[拡張]する，広がる
▶ expand their territory　彼らの領土を拡大する

『5分間テストブック』を解いてみよう！　➜ 別冊 p.12

0145
mix
[miks] ミックス

動 ～を混ぜる

▶ mix salt and water
塩と水を混ぜる

mix ~ and [with] ... で「～と…を混ぜる」という意味。

0146
limit
[límit] リミト

動 ～を制限する

▶ limit the amount of sugar　砂糖の量を制限する

0147
trap
[træp] トゥラップ

動 ～をわなで捕(と)らえる，～を閉(と)じ込(こ)める

名 わな

▶ trap wild animals　野生動物をわなで捕らえる

0148
monitor
[mánətər] マニタァ

動 ～を監視(かんし)する

名 監視装置，モニター

▶ monitor a room　部屋を監視する

0149
wave
[weiv] ウェイヴ

動 (手・旗など)を振(ふ)る，波打つ

名 波

▶ wave my hand　手を振る

0150
describe
[diskráib] ディスクライブ

動 ～の特徴(とくちょう)を述べる，描写(びょうしゃ)する

▶ describe a picture　写真の特徴を述べる

0151
hire
[háiər] ハイア

動 ～を雇(やと)う，～を賃借りする

▶ hire some employees　何人か従業員を雇う

0152
avoid
[əvɔ́id] アヴォイド

動 ～を避(さ)ける

▶ avoid danger　危険を避ける

0
500
1000
1380

0153 ▼アクセント

organize

[ɔ́ːrɡənaiz] オーガナイズ

動 ～を計画[準備]する，～を組織する

▶ organize a festival　祭りを計画する

be disappointed with [at] ～
「～に失望する」でよく使うよ。

0154

disappoint

[disəpɔ́int] ディサポイント

動 ～をがっかりさせる

▶ disappoint the audience
観客をがっかりさせる

0155 ▼アクセント

upset

[ʌpsét] アプセット

動 ～を動揺(どうよう)させる，～をひっくり返す

形 動揺して

変化形 **upset - upset - upset**

▶ upset me badly　ひどく私を動揺させる

0156

fit

[fit] フィット

動 ～にぴったり合う，合う

形 適した，ふさわしい

変化形 **fit - fit - fit**

▶ fit you well　あなたにぴったり合う

0157

delay

[diléi] ディレイ

動 ～を遅(おく)らせる，～を延期する

名 遅延(ちえん)，延期

▶ delay a schedule　スケジュールを遅らせる

0158 ▼アクセント

transport

[trænspɔ́ːrt] トゥランスポート

動 ～を輸送する

▶ transport cars by ship　船で車を輸送する

0159 発音 ▼アクセント

appreciate

[əpríːʃieit] アプリーシエイト

動 ～に感謝する，～を正しく評価する

▶ appreciate your help
あなたの助けに感謝する

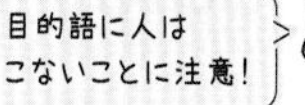

目的語に人は
こないことに注意!

0160

warn

[wɔːrn] ウォーン

動 ～に警告する

▶ warn people about the danger of fire
人々に火災の危険を警告する

『5分間テストブック』を解いてみよう！ ➡ 別冊 p.13

0161 アクセント

upgrade

[ʌpgréid] アプグレイド

動 ～をアップグレードする，～の質を高める 名 アップグレード[ʌ́pgreid]

▶ upgrade an application アプリをアップグレードする

0162

lay

[lei] レイ

動 （卵）を産む，～を置く

変化形 **lay - laid - laid**

▶ lay eggs on the ground 地面に卵を産む

lie「横たわる」と混同しないように！

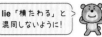

0163

cure

[kjuə*r*] キュア

動 （患者・病気）を治す

名 治療，治療法

▶ cure many patients 多くの患者を治す

0164

arrange

[əréindʒ] アレインヂ

動 （会合の日時など）を取り決める，～を整える

▶ arrange a meeting 会議（の日時など）を取り決める

0165 発音

prove

[pru:v] プルーヴ

動 ～を証明する

▶ prove the theory その理論を証明する

0166

spill

[spil] スピル

動 ～をこぼす

変化形 **spill - spilled[spilt] - spilled[spilt]**

▶ spill juice ジュースをこぼす

0167 発音

breathe

[bri:ð] ブリーズ

動 呼吸する

▶ breathe slowly ゆっくりと呼吸する

0168

note

[nout] ノウト

動 ～を書き留める，～に注意する

名 メモ，注釈

▶ note his phone number 彼の電話番号を書き留める

0169

struggle

[strʌ́gl] ストゥラグル

動 奮闘(ふんとう)する

名 奮闘，戦い

▶ struggle with work　仕事に奮闘する

0170

retire

[ritáiər] リタイア

動 引退する，定年退職する

▶ retire early

早期に引退する

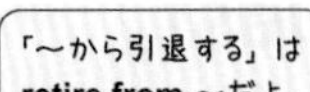

0171

absorb

[əbsɔ́:rb] アブソーブ

動 (液体・音・光など)を吸収する，～を夢中にさせる

▶ absorb water　水を吸収する

0172

award

[əwɔ́:rd] アウォード

動 (賞など)を与(あた)える

名 賞

▶ award a prize to him　彼に賞を与える

0173

claim

[kleim] クレイム

動 ～と主張する

▶ claim that my answer is correct

私の答えは正しいと主張する

0174　アクセント

donate

[dóuneit] ドウネイト

動 ～を寄付する

▶ donate money to the church

教会にお金を寄付する

0175

kill

[kil] キル

動 (時間・計画)をつぶす，～を殺す

▶ kill time reading a book

本を読んで時間をつぶす

0176

employ

[implɔ́i] インプロイ

動 ～を雇(やと)う，～を用いる

▶ employ more workers　さらに労働者を雇う

『5分間テストブック』を解いてみよう！　➡ 別冊 p.14

動詞⑫・名詞①

0177 アクセント

decorate
[dékəreit] デコレイト

動 ～を飾る
▶ decorate a Christmas tree
クリスマスツリーを飾る

0178

request
[rikwést] リクウェスト

動 ～を要請する，～に頼む
名 依頼，要望
▶ request support　支援を要請する

0179 発音

separate
[sépəreit] セパレイト

動 ～を離す
形 別の，分かれた [sépərət]
▶ separate the two tables　2つのテーブルを離す

0180

click
[klik] クリック

動 (マウスで)クリックする，～をクリックする　名 クリック
▶ click on this link
このリンクをクリックする

「クリックする」は日本語にもなっているね。

0181 アクセント

refer
[rifə́ːr] リファー

動 (refer to ～で) ～を参照する，～のことに言及する
▶ refer to the following　下記を参照する

0182

behave
[bihéiv] ビヘイヴ

動 振る舞う，行儀よくする
▶ behave badly　見苦しく振る舞う

0183

scare
[skeər] スケア

動 ～をおびえさせる
名 恐怖
▶ scare me　私をおびえさせる

0184

metal
[métl] メトゥル

名 金属
▶ use recycled metal
リサイクル金属を利用する

0185
order
[ɔ́:rdər] オーダァ

名 注文，命令，順番
動 ～を注文する，～を命じる
▶ take an order　注文を受ける

0186
pay
[pei] ペイ

名 給料，賃金
動 ～を支払う
▶ get better pay　よりよい給料をもらう

0187
customer
[kʌ́stəmər] カスタマァ

名 顧客
▶ attract many customers　多くの顧客を魅了する

0188
office
[ɔ́:fis] オーフィス

名 職場，会社
▶ go to the office　職場へ行く

0189
project
[prádʒekt] プラヂェクト

名 計画，事業
動 ～を計画する [prədʒékt]
▶ start a project　計画を始める

0190
environment
[inváiərənmənt] インヴァイ(ア)ロンメント

名 環境
▶ keep the environment clean　環境をきれいに保つ

0191
brain
[brein] ブレイン

名 脳，頭脳
▶ damage her brain　彼女の脳に損傷を与える

0192
department
[dipá:rtmənt] ディパートゥメント

名 部門，(大学の)学部
▶ work in the food department　食品部門で働く

『5分間テストブック』を解いてみよう！　➜ 別冊 p.15

0193

result
[rizʌ́lt] リ**ザ**ルト

名 **結果**
動 結果として生じる，結果になる
▶ show me the results　私にその結果を見せる

0194

amount
[əmáunt] ア**マ**ウント

名 **量**，金額
動 (amount to ～で)総計～になる
▶ cut the amount of salt　塩の量を減らす

0195

アクセント

website
[wébsait] **ウェ**ブサイト

名 **ウェブサイト**
▶ set up a website　ウェブサイトを立ち上げる

0196

research
[ríːsəːrtʃ] **リ**サーチ

名 **調査**，研究
動 ～を研究[調査]する
▶ continue my research　調査を続ける

0197

device
[diváis] ディ**ヴァ**イス

名 **装置**，工夫
▶ make a device　装置を作る

0198

audience
[ɔ́ːdiəns] **オー**ディエンス

名 (集合的に)**観衆**，聴衆(ちょうしゅう)
▶ attract a large audience
たくさんの観衆を引きつける

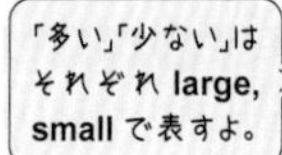

「多い」「少ない」は
それぞれ large,
small で表すよ。

0199

article
[ɑ́ːrtikl] **アー**ティクル

名 **記事**，条項(じょうこう)
▶ find an interesting article　面白い記事を見つける

0200

アクセント

instrument
[ínstrəmənt] **イ**ンストゥルメント

名 **楽器**，機器
▶ play an instrument　楽器を演奏する

■0201

resident
[rézidənt] レズィデント

名 居住者
形 在住の
▶ a resident of Japan　日本の居住者

■0202

account
[əkáunt] アカウント

名 口座，勘定（かんじょう）
▶ open a bank account　銀行口座を開く

■0203　発音

manager
[mǽnidʒər] マニヂァ

名 責任者，経営者
▶ talk to the manager　責任者と話す

■0204

fossil
[fásəl] ファス(ィ)ル

名 化石
形 化石の(ような)
▶ find a rare fossil　珍（めずら）しい化石を見つける

■0205

gym
[dʒim] ヂム

名 ジム，体育館
▶ go to a gym every day　毎日ジムへ行く

■0206

fact
[fækt] ファクト

名 事実
▶ hide a fact　事実を隠（かく）す

■0207

staff
[stæf] スタフ

名 (集合的に)スタッフ，職員
▶ hire some staff
何人かスタッフを雇（やと）う

1人1人の「スタッフ」は a staff member で表すよ。

■0208

community
[kəmjú:nəti] コミューニティ

名 コミュニティ，地域社会
▶ belong to a large community
大きいコミュニティに属する

『5分間テストブック』を解いてみよう！　➡ 別冊 p.16

0209～0224

0209 アクセント

electricity

[ilektrísəti] イレクトゥ**リ**スィティ

名 **電気，** 電力

▶ provide electricity　電気を供給する

0210 発音

patient

[péiʃənt] **ペ**イシェント

名 **患者**

形 忍耐強い，根気のある

▶ accept many patients　多くの患者を受け入れる

0211

boss

[bɔːs] **ボ**ース

名 **上司**

▶ talk with my boss　上司と話す

0212

skill

[skil] ス**キ**ル

名 **技能，** 能力

▶ acquire skills　技能を身につける

0213

password

[pǽswəːrd] **パ**スワード

名 **パスワード**

▶ change the password　パスワードを変える

0214 アクセント

employee

[implɔiíː] インプロイ**イー**

名 **従業員**

▶ fire the employee
その従業員を解雇する

接尾辞の -ee には「～される人」の意味があるよ。

0215

design

[dizáin] ディ**ザ**イン

名 **デザイン，** 設計(図)

動 ～を設計する，～をデザインする

▶ think about the design　デザインについて考える

0216

expert

[ékspəːrt] **エ**クスパート

名 **専門家，** 熟練者　形 熟練した

▶ ask an expert to research the substance
専門家へその物質を調査するように頼む

0217 発音

technology

[teknálədʒi] テク**ナ**ロヂィ

名 **科学技術**，テクノロジー

▶ develop technology　科学技術を発達させる

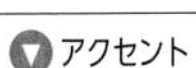

0218 アクセント

discount

[dískaunt] **ディ**スカウント

名 **割引**

動 ～を割引する[diskáunt]

▶ get a discount　割引をしてもらう

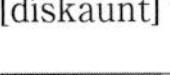

0219 発音

clothes

[klouz] ク**ロ**ウズ

名 **衣服**

▶ buy clothes online
オンラインで衣服を買う

0220

experience

[ikspíəriəns] イクス**ピ**(ア)リエンス

名 **経験**

動 ～を経験する

▶ gain more experience　より多くの経験を積む

0221

material

[mətíəriəl] マ**ティ**(ア)リアル

名 **材料**，資料

形 物質の，物質的な

▶ use a lot of material　多くの材料を使う

0222

smartphone

[smá:rtfoun] ス**マ**ートゥフォウン

名 **スマートフォン**

▶ drop my smartphone　スマートフォンを落とす

0223

exercise

[éksərsaiz] **エ**クササイズ

名 **運動**，練習

動 運動する，練習する

▶ do more exercise　もっと運動をする

0224

fuel

[fjú:əl] フ**ュ**ーエル

名 **燃料**

動 ～に燃料を補給する

▶ save fuel　燃料を節約する

『**5分間テストブック**』を解いてみよう！ ➜ 別冊 p.17

0225

benefit

[bénəfit] **ベ**ネフィト

名 **利益，恩恵**（おんけい）

動 利益を得る，～のためになる

▶ gain a benefit　利益を得る

0226

practice

[prǽktis] プ**ラ**クティス

名 **練習，実践**（じっせん）

動 ～を練習する，～を実践する

▶ need more practice　もっと練習が必要である

0227

professor

[prəfésər] プロ**フェ**サァ

名 **教授**

▶ ask the professor about his class
教授に授業について尋（たず）ねる

0228

effect

[ifékt] イ**フェ**クト

名 **効果，影響**（えいきょう）

▶ have an effect　効果がある

0229

medicine

[médəsən] **メ**デ（ィ）スン

名 **薬，医学**

▶ take medicine　薬を飲む

薬を「飲む」ときにはふつうtakeを使うよ。

0230

item

[áitəm] **ア**イテム

名 **品目，項目**（こうもく）

▶ choose an item　品目を選ぶ

0231

temperature

[témpərətʃər] **テ**ンペラチァ

名 **温度，気温**

▶ increase in temperature　温度が上がる

0232

conference

[kánfərəns] **カ**ンフ（ェ）レンス

名 **（公式の）会議**

▶ attend a conference　会議に出席する

0233
taste
[teist] テイスト

名 **味,** 好み
動 ～の味がする，～を味わう
▶ have a bitter taste　苦い味がする

0234
case
[keis] ケイス

名 **事例,** 場合
▶ look into a case　ある事例を調査する

0235
solution
[səlú:ʃən] ソルーション

名 **解決(策),** 解答
▶ find a solution　解決策を見つける

0236
アクセント
access
[ǽkses] アクセス

名 **アクセス,** 入手方法
▶ have access to that information
その情報へアクセスできる

0237
mall
[mɔ:l] モール

名 **ショッピングセンター**
▶ go to a mall　ショッピングセンターへ行く

0238
schedule
[skédʒu:l] スケヂュール

名 **予定(表)**
▶ make a schedule for tomorrow
明日の予定を立てる

0239
発音
creature
[krí:tʃər] クリーチァ

名 **生き物**
▶ catch sea creatures　海の生き物をつかまえる

0240
passenger
[pǽsəndʒər] パセンヂァ

名 **乗客**
▶ transport passengers by plane
飛行機で乗客を運ぶ

『5分間テストブック』を解いてみよう！　➜ 別冊 p.18

0241 発音

disease

[dizí:z] ディズィーズ

名 病気

▶ discover a serious disease
深刻な病気を見つける

0242

slum

[slʌm] スラム

名 スラム街

▶ walk around a slum　スラム街を歩き回る

0243

campus

[kǽmpəs] キャンパス

名 キャンパス，大学構内

▶ show new students around the campus
新入生たちにキャンパスを案内する

0244

statement

[stéitmənt] ステイトゥメント

名 声明，陳述（ちんじゅつ）

▶ make a statement suddenly　突然（とつぜん）声明を発表する

0245 アクセント

insect

[ínsekt] インセクト

名 昆虫（こんちゅう），虫

▶ be interested in insects　昆虫に興味がある

0246

quality

[kwɑ́ləti] クワリティ

名 質，良質

▶ improve the quality of the product
製品の質を向上させる

「量」は quantity。

0247

software

[sɔ́:ftweər] ソーフトゥウェア

名 ソフトウェア

▶ develop software　ソフトウェアを開発する

0248 発音

tour

[tuər] トゥア

名 (周遊)旅行，見学

▶ organize a tour　旅行を企画（きかく）する

0　500　1000　1380

0249

retirement

[ritáiərmənt] リタイアメント

名 (定年による)退職, 引退

▶ life after retirement　退職後の生活

0250

opinion

[əpínjən] オピニョン

名 意見

▶ exchange opinions　意見を交換する

0251

distance

[dístəns] ディスタンス

名 距離, 遠方

▶ keep a distance　距離を空ける

0252

novel

[návəl] ナヴ(ェ)ル

名 小説

▶ write a novel　小説を書く

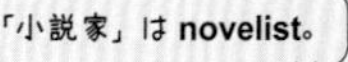

0253

fee

[fi:] フィー

名 料金, (専門職への)報酬

▶ pay a lesson fee　レッスンの料金を支払う

0254

rest

[rest] レスト

名 残り, そのほかのもの

▶ enjoy the rest of my life　残りの人生を楽しむ

0255

detail

[díteil] ディテイル

名 詳細, 細部　動 ～を詳しく述べる

▶ explain the details of the plan
計画の詳細を説明する

0256

tourism

[túərizm] トゥ(ア)リズム

名 観光事業, 観光旅行

▶ promote local tourism　地元の観光事業を促進する

『5分間テストブック』を解いてみよう！　➔ 別冊 p.19

0257

panel
[pǽnəl] パネル

名 パネル，はめ板
▶ a solar panel 太陽電池パネル

0258

presentation
[preznteíʃən] プレズンテイション

名 プレゼンテーション，発表
▶ give a good presentation
よいプレゼンテーションを行う

0259

activity
[æktívəti] アクティヴィティ

名 活動
▶ take part in club activities クラブ活動に参加する

0260

flight
[flait] フライト

名 (飛行機の)便，飛行
▶ miss my flight 自分の便に乗り損ねる

0261

client
[kláiənt] クライアント

名 顧客，(弁護士などへの)依頼人
▶ meet a client 顧客に会う

0262

nature
[néitʃər] ネイチァ

名 自然，性質
▶ protect nature 自然を守る

0263

harm
[hɑːrm] ハーム

名 害，悪意
▶ cause harm 害を及ぼす

What is the population of ～？
「～の人口はどのくらい？」と聞くよ。

0264

population
[pɑːpjəléiʃən] パーピュレイション

名 人口，(動物の)総数
▶ the world's population
世界の人口

■0265

generation
[dʒenəréiʃən] チェネ**レ**イション

名 **年齢層**(ねんれいそう), (同)世代

▶ become popular among all generations
すべての年齢層の間で人気になる

■0266

movement
[múːvmənt] **ム**ーヴメント

名 **(政治・社会的)運動**, 動き

▶ start a movement　運動を起こす

■0267　▼アクセント

challenge
[tʃǽlindʒ] **チャ**リンヂ

名 **難題**, 挑戦(ちょうせん)

▶ face a challenge　難題に直面する

■0268　発音

tournament
[túərnəmənt] **トゥ**アナメント

名 **トーナメント**, 選手権大会

▶ hold a sports tournament
スポーツのトーナメントを開催(かいさい)する

■0269

traffic
[trǽfik] トゥ**ラ**フィク

名 **交通(量)**

▶ a traffic accident　交通事故

■0270

subject
[sʌ́bdʒikt] **サ**ブヂクト

名 **話題**, 教科

▶ change the subject in a conversation
会話の話題を変える

■0271

bill
[bil] **ビ**ル

名 **請求書**(せいきゅうしょ), 紙幣(しへい)
動 ～に請求書を出す

▶ receive a bill　請求書を受け取る

■0272

membership
[mémbərʃip] **メ**ンバシプ

名 **会員資格**

▶ the membership of the sports club
スポーツクラブの会員資格

『**5分間テストブック**』を解いてみよう！ ➡ 別冊 p.20

0273～0288

■0273
advertisement
[ædvərtáizmənt] アドゥヴァタイズメント

名 **広告**，宣伝
▶ an online advertisement　オンライン広告

■0274　発音　アクセント
career
[kəríər] カリア

名 **経歴**，職業
▶ build my career　経歴を積む

■0275
condition
[kəndíʃən] コンディション

名 **条件**，状態
▶ check job conditions　職務条件を確認する

■0276
sense
[sens] センス

名 **感覚**，思慮（しりょ）
動 ～に気づく
▶ a sense of humor　ユーモアの感覚

■0277
instance
[ínstəns] インスタンス

名 **例**
▶ several instances of success
いくつかの成功例

for instance で「例えば」という意味。

■0278　発音
guest
[gest] ゲスト

名 **招待客**，（ホテル・レストランなどの）客
▶ a party guest　パーティーの招待客

■0279
mystery
[místəri] ミステリィ

名 **謎**（なぞ）
▶ solve the whole mystery　謎のすべてを解明する

■0280
survey
[sə́:rvei] サーヴェイ

名 **調査**
動 ～を調査する [sərvéi]
▶ carry out a survey　調査を実施（じっし）する

0 500 1000 1380

□0281

source

[sɔːrs] ソース

㊔ **源，** 原因

▶ major sources of calories　おもなカロリー源

□0282 発音

law

[lɔː] ロー

㊔ **法，** 法律

▶ break the law　法を犯す

□0283

crop

[krɑp] クラップ

㊔ **作物，** 収穫高（しゅうかくだか）

▶ grow crops　作物を栽培（さいばい）する

穀物，野菜，くだものなどの作物を指すよ。

□0284

decade

[dékeid] デケイド

㊔ **10 年間**

▶ for the last few decades　ここ数十年間

□0285

publisher

[pʌ́bliʃər] パブリシァ

㊔ **出版社**

▶ leading scientific publishers　一流の科学出版社

□0286

liquid

[líkwid] リクウィド

㊔ **液体**

㊓ 液体の

▶ turn to liquid　液体に変化する

□0287

education

[edʒəkéiʃən] エヂュケイション

㊔ **教育**

▶ have a college education　大学教育を受ける

□0288

variety

[vəráiəti] ヴァライエティ

㊔ **種類，** 多様性

▶ a wide variety of crops　豊富な種類の作物

『5分間テストブック』を解いてみよう！ ➡ 別冊 p.21

□0289
view
[vjuː] ヴュー

名 **見解,** 視野　動 ～を見る
▶ your views on the topic
そのトピックに関するあなたの見解

□0290
prize
[praiz] プライズ

名 **賞**
▶ win second prize　2等賞を取る

□0291
tourist
[túərist] トゥ(ア)リスト

名 **観光客**
▶ tourists from other countries　外国人観光客

□0292　アクセント
economy
[ikánəmi] イカノミィ

名 **経済,** 節約
▶ the local economy　地域経済

□0293　アクセント
income
[ínkʌm] インカム

名 **収入**
▶ a large income　多額の収入

□0294
period
[píəriəd] ピ(ア)リオド

名 **期間,** 時代
▶ for a long period　長い期間

□0295
neighborhood
[néibərhud] ネイバフド

名 **近所,** (集合的に)近所の人々
▶ a convenience store in the neighborhood
近所のコンビニエンスストア

□0296
appointment
[əpɔ́intmənt] アポイントゥメント

名 **(会う)約束,** (病院などの)予約
▶ make an appointment　約束をする

0297

salary
[sǽləri] サラリィ

名 **給料**
▶ earn a high salary
高い給料を稼ぐ

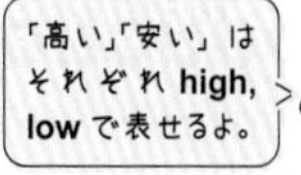

「高い」「安い」は
それぞれ high,
low で表せるよ。

0298

mayor
[méiər] メイア

名 **市長**
▶ run for mayor 市長選に立候補する

0299 発音 アクセント

image
[ímidʒ] イミヂ

名 **画像,** 印象
▶ images on a computer screen
コンピューター画面上の画像

0300

officer
[ɔ́:fisər] オーフィサァ

名 **役人**
▶ a high-ranking officer 高官

0301

location
[loukéiʃən] ロウケイション

名 **位置,** 場所
▶ the location of a ship 船の位置

0302

battery
[bǽtəri] バテリィ

名 **電池,** バッテリー
▶ charge a battery 電池を充電する

0303

fashion
[fǽʃən] ファション

名 **流行,** 方法
▶ the latest fashions 最新の流行

0304 発音 アクセント

average
[ǽvəridʒ] アヴ(ェ)リヂ

名 **平均**
動 ～を平均する 形 平均の
▶ well above average 平均をかなり上回って

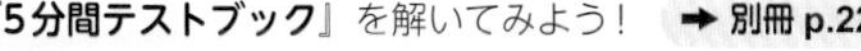
『5分間テストブック』を解いてみよう！ ➡ 別冊 p.22

名詞⑨

0305 ～ 0320

0305
production
[prədʌ́kʃən] プロ**ダ**クション

名 生産，生産高
▶ agricultural production　農業生産

0306　アクセント
pattern
[pǽtərn] **パ**タン

名 様式，模様
動 ～に模様を付ける
▶ patterns of behavior　行動様式

0307
application
[æpləkéiʃən] アプリ**ケ**イション

名 申し込み(書)，アプリケーション
▶ a job application　仕事の申し込み

0308
illness
[ílnis] **イ**ルニス

名 病気
▶ recover from an illness
病気から回復する

形容詞 ill の語尾に -ness をつけた名詞だよ。

0309
cafeteria
[kæfətíəriə] キャフィ**ティ**(ア)リア

名 カフェテリア，食堂
▶ a hospital cafeteria　病院のカフェテリア

0310
deal
[diːl] **ディ**ール

名 量
▶ a great deal of data　大量のデータ

0311
electronics
[ilektrάniks] イレクトゥ**ラ**ニクス

名 電子工学，エレクトロニクス(産業)
▶ specialize in electronics　電子工学を専攻する

0312
stress
[stres] ストゥ**レ**ス

名 (心身への)ストレス
動 ～を強調する
▶ suffer from stress　ストレスに苦しむ

0 500 1000 1380

0313
grocery
[gróusəri] グロウサリィ

名 (複数形で)**食料(雑貨)品**, 食料雑貨店
▶ buy some groceries for dinner
夕食用に食料品を買う

0314
announcement
[ənáunsmənt] アナウンスメント

名 **発表**, 告知
▶ make an announcement 発表を行う

0315
competition
[kɑmpətíʃən] カンペティション

名 **競争**, 競技会
▶ tough competition 激しい競争

0316
▼アクセント
industry
[índəstri] インダストゥリィ

名 **産業**, 勤勉
▶ a growing industry 成長産業

0317
participant
[pɑːrtísəpənt] パーティスィパント

名 **参加者**
▶ participants in the event イベントへの参加者

0318
exam
[igzǽm] イグザム

名 **試験**
▶ a written exam
筆記試験

exam は examination「試験」よりも一般的に使われる語だよ。

0319
cell
[sel] セル

名 **細胞**, 独房
▶ examine cells 細胞を調べる

0320
concern
[kənsə́ːrn] コンサーン

名 **心配**, 関心事 動 ～に関与する, (受身形で)関心をもっている[心配している]
▶ have no concern about the matter そのことについて何も心配はない

『5分間テストブック』を解いてみよう！ ➡ 別冊 p.23

21 とてもよく出る単語 名詞⑩

0321～0336

0321 発音 アクセント

advantage

[ədvǽntidʒ] アドゥヴァンティヂ

名 利点

▶ explain the advantages of online shopping
オンラインショッピングの利点を説明する

0322

effort

[éfərt] エフォト

名 努力

▶ make an effort　努力をする

0323

license

[láisns] ライスンス

名 免許証(めんきょしょう)，認可

動 ～に免許を与(あた)える

▶ earn a driver's license　運転免許証をとる

0324

agency

[éidʒənsi] エイヂェンスィ

名 代理店

▶ contact the agency　代理店に問い合わせる

0325

addition

[ədíʃən] アディション

名 追加，足し算

▶ the addition of workers　労働者の追加

0326

storm

[stɔːrm] ストーム

名 嵐(あらし)

▶ arrive late because of a storm
嵐が原因で遅(おく)れて到着(とうちゃく)する

0327

ingredient

[ingríːdiənt] イングリーディエント

名 材料，成分

▶ buy ingredients for curry　カレーの材料を買う

0328 発音 アクセント

technique

[tekníːk] テクニーク

名 技術，手法

▶ learn karate techniques
空手の技術を習う

日本語の「テクニック」とは発音が異なるので注意!

0329  発音

vehicle
[víːhikl] ヴィーイクル

名 **乗り物**
▶ ride a vehicle
乗り物に乗る

ふつう，陸上の「乗り物」を指すよ。

0330

safety
[séifti] セイフティ

名 **安全(性)**
▶ confirm his safety
彼の安全を確かめる

0331

gallery
[gǽləri] ギャラリィ

名 **美術館，** 画廊
▶ paintings at a gallery 美術館にある絵画

0332 発音

route
[ruːt] ルート

名 **(一定の規則的な)ルート**
▶ take the shortest route 最短のルートをとる

0333

spot
[spɑt] スパット

名 **地点**
▶ pass through a dangerous spot
危険な地点を通過する

0334

fiber
[fáibər] ファイバァ

名 **繊維**
▶ contain a lot of fiber 多くの繊維を含む

0335

feather
[féðər] フェザァ

名 **羽**
▶ light as a feather 羽のように軽い

0336

substance
[sʌ́bstəns] サブスタンス

名 **物質，** 実質
▶ consist of many substances 多くの物質から成る

『5分間テストブック』を解いてみよう！ ➜ 別冊 p.24

0337 **religion** [rilídʒən] リリヂョン	名 宗教 ▶ believe in religion　宗教を信仰する
0338 **trash** [træʃ] トゥラッシ	名 ごみ ▶ throw away trash ごみを捨てる
0339 **treatment** [trí:tmənt] トゥリートゥメント	名 治療，扱い ▶ receive treatment for cancer がんの治療を受ける
0340　アクセント **photograph** [fóutəgræf] フォウトグラフ	名 写真 ▶ take a photograph　写真を撮る
0341 **invention** [invénʃən] インヴェンション	名 発明(品) ▶ one of the greatest inventions 最も偉大な発明品の１つ
0342 **evidence** [évədəns] エヴィデンス	名 証拠 ▶ find evidence　証拠を見つける
0343　発音 **measure** [méʒər] メジァ	名 措置，基準　動 ～を測る ▶ take measures to solve a problem 問題を解決するための措置を講じる
0344 **direction** [dirékʃən] ディレクション	名 方向，（ふつう複数形で）指示 ▶ go in the wrong direction　間違った方向に向かう

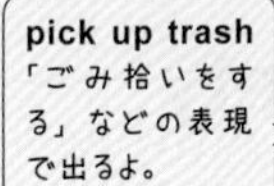

pick up trash
「ごみ拾いをする」などの表現で出るよ。

0345

role
[roul] ロウル

名 **役割**

▶ understand my role at work
職場での自分の役割を理解する

0346

issue
[íʃuː] イシュー

名 **問題(点)**，発行
動 (声明など)を出す，(書籍(しょせき)など)を発行する

▶ describe an issue　問題を説明する

0347

equipment
[ikwípmənt] イクウィプメント

名 (集合的に)**設備**，用具

▶ air conditioning equipment
空調設備

数えるときには a piece of equipment「設備1点」などで表すよ!

0348　発音　アクセント

object
[ábdʒikt] アブヂクト

名 **物**，対象
動 反対する [əbdʒékt]

▶ put small objects in a box　箱に小さな物を入れる

0349　発音　アクセント

knowledge
[nálidʒ] ナリヂ

名 **知識**

▶ gain knowledge of science　科学の知識を得る

0350　発音

muscle
[mʌ́sl] マスル

名 **筋肉**

▶ gain muscle through exercise
運動で筋肉をつける

0351

agent
[éidʒənt] エイヂェント

名 **代理人[店]**

▶ hire an agent　代理人を雇(やと)う

0352　発音

exhibition
[eksəbíʃən] エクスィビション

名 **展覧[展示]会**

▶ visit an exhibition　展覧会を訪れる

『5分間テストブック』を解いてみよう!　➡ 別冊 p.25

23 とてもよく出る単語

名詞⑫

0353 発音

assignment

[əsáinmənt] アサインメント

名 **課題，** 割り当て

▶ have a lot of assignments　多くの課題がある

0354 アクセント

degree

[digríː] ディグリー

名 **学位，**（温度や角度などの）度

▶ have a degree in law　法学の学位がある

---

supply「供給」と対でおぼえよう。

0355

demand

[dimǽnd] ディマンド

名 **需要，** 要求　動 ～を強く要求する

▶ increase the demand for clean energy
クリーンエネルギーへの需要を高める

0356 発音

surface

[sə́ːrfis] サーフィス

名 **表面，** 外見　動 表面化する，現れる
形 表面の，外見だけの

▶ polish the surface of the material　その素材の表面を磨く

0357

bone

[boun] ボウン

名 **骨**

▶ discover dinosaur bones　恐竜の骨を発見する

0358

document

[dákjumənt] ダキュメント

名 **文書，** 記録

▶ prepare documents for a meeting
会議のための文書を準備する

0359

army

[áːrmi] アーミィ

名 **軍隊，** 陸軍

▶ lead a huge army　巨大な軍隊を率いる

0360

costume

[kástjuːm] カステューム

名 **衣装**

▶ wear various costumes on the stage
ステージでいろいろな衣装を着る

■0361

furniture
[fə́:rnitʃər] ファーニチァ

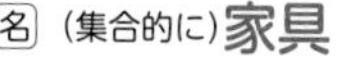

名 (集合的に)**家具**

▶ buy new furniture
新しい家具を買う

数えるときには **a piece of furniture**「家具1点」などで表すよ。

■0362

cycle
[sáikl] サイクル

名 **周期,** サイクル
動 **循環**(じゅんかん)**する,** 自転車に乗る

▶ shorten a cycle　周期を短くする

■0363

childcare
[tʃáildkeər] チャイルドゥケア

名 **育児,** 保育

▶ need support for childcare
育児支援(しえん)を必要とする

■0364　▼アクセント

backpack
[bǽkpæk] バクパク

名 **リュックサック**

▶ carry a backpack　リュックサックを背負う

■0365

trade
[treid] トゥレイド

名 **貿易,** 商売
動 貿易をする, ～を交換(こうかん)する

▶ take part in global trade　世界規模の貿易に参入する

■0366

attitude
[ǽtitjù:d] アティテュード

名 **態度,** 考え方

▶ change my attitude　態度を変える

■0367

situation
[sìtʃuéiʃən] スィチュエイション

名 **状況**(じょうきょう)**,** 立場

▶ understand the current situation
現在の状況を理解する

■0368

garbage
[gɑ́:rbidʒ] ガービヂ

名 **ごみ,** 生ごみ

▶ take out the garbage　ごみを出す

『5分間テストブック』を解いてみよう！ ➡ 別冊 p.26

0369

memory
[méməri] メモリィ

名 記憶(力)（きおく(りょく)），思い出
▶ have a good memory
記憶力がよい

「思い出」の意味ではふつう memories と複数形で表すよ。

0370

security
[sikjúərəti] スィキュ(ア)リティ

名 安全，警備
▶ protect national security　国家の安全を守る

0371

focus
[fóukəs] フォウカス

名 焦点（しょうてん）
動 ～の焦点を合わせる
▶ be out of focus　焦点が合っていない

0372

bacteria
[bæktíəriə] バクティ(ア)リア

名 細菌（さいきん）
▶ many kinds of bacteria　多くの種類の細菌

0373

organization
[ɔːrgənizéiʃən] オーガニゼイション

名 団体，組織
▶ set up an organization　団体を設立する

0374

author
[ɔ́ːθər] オーサァ

名 著者，作家
▶ interview the author of this book
この本の著者にインタビューをする

0375

data
[déitə] デイタ

名 データ
▶ collect important data
重要なデータを集める

0376

contest
[kɑ́ntest] カンテスト

名 コンテスト
▶ enter a piano contest
ピアノのコンテストに参加する

0377 アクセント

success

[səksés] サク**セ**ス

名 **成功**

▶ achieve success　成功を収める

0378

opportunity

[ɑpərtjúːnəti] アパ**テュ**ーニティ

名 **機会**

▶ a lot of opportunities for improvement
改善のための多くの機会

0379

clothing

[klóuðiŋ] ク**ロ**ウズィンヶ

名 (集合的に)**衣料品**

▶ used clothing
中古の衣料品

a clothing manufacturer で「衣料品メーカー」という意味だよ。

0380

transportation

[trænspərtéiʃən] トゥランスポ**テ**イション

名 **交通機関，** 輸送

▶ take public transportation
公共交通機関を利用する

0381 発音

coast

[koust] **コ**ウスト

名 **海岸，** 沿岸

▶ a long stretch of coast　長く一続きに伸びた海岸線

0382 アクセント

laptop

[lǽptɑp] **ラ**プタプ

名 **ノートパソコン**

▶ use a laptop for business
仕事にノートパソコンを使う

0383 アクセント

athlete

[ǽθliːt] **ア**スリート

名 **運動選手**

▶ a famous athlete　有名な運動選手

0384

crime

[kraim] ク**ラ**イム

名 **犯罪**

▶ commit a crime　犯罪を犯す

『5分間テストブック』を解いてみよう！ ➜ 別冊 p.27

0385
climate
[kláimət] クライメト

名 (ある地域の平均的な)気候
▶ a mild climate 穏やかな気候

climate change「気候変動」は環境問題の英文でよく出るよ。

0386
hometown
[houmtáun] ホウムタウン

名 故郷
▶ go back to my hometown 故郷に帰る

0387
reservation
[rezərvéiʃən] レザヴェイション

名 (座席・部屋などの)予約
▶ have a hotel reservation ホテルを予約してある

0388
conversation
[kɑnvərséiʃən] カンヴァセイション

名 会話
▶ have a nice conversation 楽しく会話する

0389
director
[diréktər] ディレクタァ

名 取締役，監督
▶ a board of directors 取締役会

0390
facility
[fəsíləti] ファスィリティ

名 施設
▶ an indoor sports facility 屋内スポーツ施設

0391
aim
[eim] エイム

名 目的，狙い
動 ～を向ける，狙う
▶ the aim of the survey 調査の目的

0392
trail
[treil] トゥレイル

名 (山中の)小道
▶ a nature trail 自然遊歩道

0 500 1000 1380

■0393
pressure
[préʃər] プレシァ
名 **プレッシャー,** 圧力
動 ～に圧力をかける
▶ feel pressure　プレッシャーを感じる

■0394
response
[rispɑ́ns] リスパンス
名 **返答,** 反応
▶ receive a response　返答をもらう

in response to ～
「～に答えて」の表現でも使われるよ。

■0395
term
[tə́ːrm] ターム
名 **期間,** 専門用語
▶ the term of a contract　契約期間

■0396
clinic
[klínik] クリニク
名 **診療所**
▶ a dental clinic　歯科診療所

■0397　発音
campaign
[kæmpéin] キャンペイン
名 **組織的活動[運動],** キャンペーン
動 (選挙などの)運動をする
▶ run a political campaign　政治の組織的活動を行う

■0398
poison
[pɔ́izən] ポイズン
名 **毒**
▶ contain poison　毒を含んでいる

■0399
flavor
[fléivər] フレイヴァ
名 **風味,** 香味料
動 ～に風味を添える
▶ have a strong flavor　強い風味がある

■0400
expense
[ikspéns] イクスペンス
名 **費用**
▶ at my own expense　自分自身の費用で

『5分間テストブック』を解いてみよう！ ➡ 別冊 p.28

0401 ▼アクセント

politician
[pɑlətíʃən] パリティシャン

名 政治家
▶ an able politician　有能な政治家

0402

shortage
[ʃɔ́ːrtidʒ] ショーティヂ

名 不足
▶ severe gas shortages　深刻なガス不足

0403

bubble
[bʌ́bl] バブル

名 泡(あわ)
▶ soap bubbles　石けんの泡

0404

position
[pəzíʃən] ポズィション

名 立場，位置
動 ～を置く
▶ be in a strong position　有利な立場にある

0405

championship
[tʃǽmpiənʃip] チャンピオンシプ

名 選手権(大会)
▶ the world championship　世界選手権大会

0406 ▼アクセント

container
[kəntéinər] コンテイナァ

名 容器
▶ a tough container
丈夫(じょうぶ)な容器

contain「～を含(ふく)む」の語尾(ごび)に-er(～する物)をつけた名詞だよ。

0407

lifestyle
[láifstail] ライフスタイル

名 生活スタイル
▶ lead a simple lifestyle　質素な生活を送る

0408

session
[séʃən] セション

名 会合，開会
▶ have a session　会合を開く

0409

contrast
[kántræst] カントゥラスト

名 対照

▶ in contrast to last year　昨年とは対照的に

0410　▼アクセント

ancestor
[ǽnsestər] アンセスタァ

名 祖先

▶ her distant ancestors　彼女の遠い祖先

0411

blog
[blɑ:g] ブラーグ

名 ブログ

▶ start a food blog　食べ物のブログを始める

0412

credit
[krédit] クレディト

名 クレジット，名声

▶ pay with a credit card　クレジットカードで支払う

0413

method
[méθəd] メソド

名 方法

▶ by a simple method
シンプルな方法で

0414

site
[sait] サイト

名 用地，ウェブサイト

▶ a site for a new station　新駅の用地

0415

charity
[tʃǽrəti] チャリティ

名 慈善(事業)

▶ a national charity　全国的な慈善事業

0416

carbon
[kɑ́:rbən] カーボン

名 炭素

▶ carbon fiber　炭素繊維

『5分間テストブック』を解いてみよう！　➔ 別冊 p.29

0417

tax
[tæks] タックス

名 税(金)
▶ consumption tax　消費税

0418

goods
[gudz] グッヅ

名 品物
▶ a variety of goods
種類豊富な品物

常に複数扱いをする語だよ。

0419

currency
[kə́:rənsi] カーレンスィ

名 通貨
▶ key currencies　主要通貨

0420

ceremony
[sérəmouni] セレモウニィ

名 儀式（ぎしき）
▶ a religious ceremony　宗教儀式

0421

weight
[weit] ウェイト

名 重さ
▶ a weight of 100 kilograms　100キログラムの重さ

0422

clerk
[klə:rk] クラーク

名 店員，係員
▶ a clerk at a book shop　書店の店員

0423　発音

approach
[əpróutʃ] アプロウチ

名 取り組み方，接近
動 ～に近づく，接近する
▶ an approach to a problem　問題に対する取り組み方

0424　アクセント

majority
[mədʒɔ́:rəti] マヂョーリティ

名 大多数，多数派
▶ by a majority　大多数で

0425
relationship
[riléiʃənʃip] リレイションシプ

名 関係
▶ the special relationship between the two countries　2国間の特別な関係

0426
engine
[éndʒin] エンヂン

名 エンジン
▶ a powerful engine　強力なエンジン

0427
discovery
[diskʌ́vəri] ディスカヴ(ァ)リィ

名 発見
▶ an amazing discovery　驚(おどろ)くべき発見

0428 発音
region
[rí:dʒən] リーヂョン

名 地域，地方
▶ a region in Japan　日本のある地域

0429
brand
[brænd] ブランド

名 銘柄(めいがら)，ブランド
▶ a different brand of shampoo　違(ちが)う銘柄のシャンプー

0430
healthcare
[hélθkeər] ヘルスケア

名 医療(いりょう)，健康管理
▶ the costs of healthcare　医療費

0431
construction
[kənstrʌ́kʃən] コンストゥラクション

名 建設，建造物
▶ the construction of the new bridge　新しい橋の建設

0432
temple
[témpl] テンプル

名 神殿(しんでん)，寺院
▶ ancient Greek temples　古代ギリシャの神殿

『5分間テストブック』を解いてみよう！ ➜ 別冊 p.30

名詞⑰・形容詞①

0433
delivery
[dilívəri] ディリヴ(ァ)リィ

名 配達
▶ offer free delivery　無料で配達する

0434
death
[deθ] デス

名 死
▶ a sudden death　急死

0435
childhood
[tʃáildhud] チャイルドゥフド

名 子ども時代
▶ memories of my childhood　子ども時代の思い出

0436
code
[koud] コウド

名 暗号，コード
▶ break a code　暗号を解読する

0437
pain
[pein] ペイン

名 痛み，苦悩(くのう)
▶ have a pain in my stomach　胃に痛みがある

0438　発音
exhibit
[igzíbit] イグズィビト

名 展示品，展示会
動 ～を展示する，～を示す
▶ several interesting exhibits　数点の興味深い展示品

0439　アクセント
programmer
[próugræmər] プロウグラマァ

名 プログラマー
▶ a skilled programmer　熟練のプログラマー

0440
dinosaur
[dáinəsɔːr] ダイナソー(ァ)

名 恐竜(きょうりゅう)
▶ dinosaur fossils　恐竜の化石

0　　500　　1000　　1380

tool
[tu:l] トゥール

名 **道具**
▶ gardening tools　園芸用の道具

poverty
[pávərti] パヴァティ

名 **貧困**
▶ result from poverty　貧困から生じる

▼アクセント

aspect
[æspekt] アスペクト

名 **側面，** 見方
▶ the most important aspect of the problem
その問題の最も重要な側面

0444

online
[ɑnláin] アンライン

形 **オンラインの**
副 オンラインで
▶ online banking　オンラインバンキング

past
[pæst] パスト

形 **過去の**
名 (the をつけて) 過去
▶ a past event　過去の出来事

recent
[rí:snt] リースント

形 **最近の**
▶ recent developments in the IT industry
最近の IT 産業の発展

▼アクセント

modern
[mádərn] マダン

形 **現代の**
▶ modern history　現代史

solar
[sóulər] ソウラァ

形 **太陽の**
▶ a solar cell
太陽電池

lunar「月の」も一緒におぼえておこう。

『5分間テストブック』を解いてみよう！　➡ 別冊 p.31

29 とてもよく出る単語 形容詞②

0449 〜 0464

■0449 発音

ancient

[éinʃənt] エインシェント

形 **古代の**

▶ the ancient Roman civilization
ローマの古代文明

■0450 発音

extra

[ékstrə] エクストゥラ

形 **追加の，** 余分の

▶ an extra charge　追加料金

■0451

sound

[saund] サウンド

形 **健全な，** 安定した

▶ a sound mind　健全な精神

■0452

available

[əvéiləbl] アヴェイラブル

形 **利用できる，** (手が)空いている

▶ be available for free on the Internet
インターネットで無料で利用できる

The doctor was not available.
「医師は手が空いていなかった」のようにも使うよ。

■0453

public

[pʌ́blik] パブリク

形 **公衆の，** 公の

名 (the をつけて)一般(いっぱん)の人々

▶ public health　公衆衛生

■0454

common

[kámən] カモン

形 **共通の，** 普通(ふつう)の

▶ a common language　共通言語

■0455

certain

[sə́ːrtn] サートゥン

形 **一定の，** 確信して

▶ a certain number of hours　一定の時間

■0456

rare

[reər] レア

形 **珍(めずら)しい，** まれな

▶ a rare case　珍しいケース

0457 ▼アクセント

electronic

[ilektránik] イレクトゥラニク

形 **電子の**

▶ an electronic book　電子書籍

0458

elderly

[éldərli] エルダリィ

形 **年配の**

▶ an elderly man
年配の男性

0459

successful

[səksésfəl] サクセスフル

形 **成功した**

▶ a successful business　成功したビジネス

0460

similar

[símələr] スィミラァ

形 **同じような**

▶ a bag similar to mine　私のと同じようなバッグ

0461 ▼アクセント

official

[əfíʃəl] オフィシャル

形 **公式の**

名 公務員，職員

▶ an official document　公式文書

0462

regular

[régjulər] レギュラァ

形 **定例の，** 規則正しい

▶ a regular meeting　定例会議

0463

chemical

[kémikəl] ケミカル

形 **化学の**

名 化学製品[薬品]

▶ a chemical reaction　化学反応

0464

likely

[láikli] ライクリィ

形 **～しそうで，** ありそうな

▶ be likely to be late　遅れそうだ

『5分間テストブック』を解いてみよう！ ➡ 別冊 p.32

形容詞③

0465

plastic

[plǽstik] プラスティク

形 **ビニールの，** プラスチックの

▶ a plastic bag　ビニール袋

「ペットボトル」は
a plastic bottle
というよ。

0466

noisy

[nɔ́izi] ノイズィ

形 **騒がしい**

▶ a noisy classroom　騒がしい教室

0467

wealthy

[wélθi] ウェルスィ

形 **裕福な**

▶ a wealthy country　裕福な国

0468

huge

[hjuːdʒ] ヒューヂ

形 **ばく大な，** 巨大な

▶ a huge profit　ばく大な利益

0469

serious

[síəriəs] スィ(ア)リアス

形 **深刻な，** まじめな

▶ a serious problem　深刻な問題

0470

medical

[médikəl] メディカル

形 **医療の，** 医学の

▶ medical insurance　医療保険

0471

global

[glóubəl] グロウバル

形 **世界的規模の**

▶ a global issue　世界的規模の問題

0472

present

[préznt] プレズント

形 **現在の，** 出席している

名 現在

▶ at the present stage　現在の段階で

0 500 1000 1380

0473

nearby

[niərbái] ニアバイ

形 すぐ近くの

副 すぐ近くに[で]

▶ a nearby park　すぐ近くの公園

0474

particular

[pərtíkjələr] パティキュラァ

形 特別な，特定の

▶ have a particular reason　特別な理由がある

0475

excellent

[éksələnt] エクセレント

形 卓越(たくえつ)した

▶ an excellent performance
卓越したパフォーマンス

0476

female

[fí:meil] フィーメイル

形 女(性)の

▶ a female swimmer
女性の水泳選手

male「男性の」と対でおぼえよう。

0477

efficient

[ifíʃənt] イフィシェント

形 効率的な，有能な

▶ efficient use of energy　エネルギーの効率的な利用

0478

ordinary

[ɔ́:rdəneri] オーディネリィ

形 ありふれた，普通(ふつう)の

▶ ordinary days　ありふれた日々

0479

portable

[pɔ́:rtəbl] ポータブル

形 携帯用(けいたいよう)の，持ち運びできる

▶ a portable radio　携帯用のラジオ

0480　発音

major

[méidʒər] メイヂァ

形 主要な，重大な

動 (major in ～で)～を専攻(せんこう)する

▶ major industries　主要な産業

『5分間テストブック』を解いてみよう！　➡ 別冊 p.33

0481 発音 アクセント

private
[práivət] プライヴェト

形 **個人の，** 民間の
▶ a private car 個人の車

0482

unusual
[ʌnjúːʒuəl] アニュージュアル

形 **珍しい，** 普通でない
▶ have an unusual name 珍しい名前をもつ

usual「普通の，いつもの」に否定を表す接頭辞 **un-** をつけた語だよ。

0483

native
[néitiv] ネイティヴ

形 **母国の，** 生まれつきの
▶ his native language 彼の母国語

0484 発音 アクセント

various
[véəriəs] ヴェ(ア)リアス

形 **さまざまな**
▶ various opinions さまざまな意見

0485

effective
[iféktiv] イフェクティヴ

形 **効果的な**
▶ an effective method 効果的な方法

0486

convenient
[kənvíːnjənt] コンヴィーニェント

形 **都合のいい，** 便利な
▶ be convenient for her 彼女にとって都合のいい

0487 アクセント

original
[ərídʒnəl] オリヂナル

形 **独創的な，** 最初の
▶ an original idea 独創的なアイデア

0488

nervous
[nə́ːrvəs] ナーヴァス

形 **神経質な，** 心配して
▶ a nervous mother 神経質な母親

0 500 1000 1380

0489

empty
[émpti] エン(プ)ティ

形 空(から)の
動 ～を空にする
▶ an empty bottle　空のびん

0490

normal
[nɔ́:rməl] ノーマル

形 普通の
▶ under normal conditions　普通の状態で

0491

worth
[wə:rθ] ワース

形 価値がある
名 価値
▶ be worth reading　読む価値がある

0492　▼アクセント

individual
[indivídʒuəl] インディヴィヂュアル

形 個人の，個々の
名 個人
▶ for individual use　個人使用の

0493

attractive
[ətrǽktiv] アトゥラクティヴ

形 魅力的(みりょくてき)な
▶ an attractive smile　魅力的な笑顔

0494

thin
[θin] スィン

形 薄(うす)い，やせた
▶ a thin sheet of paper
1枚の薄い紙

反意語は thick「厚い，太い」だよ。

0495

perfect
[pə́:rfikt] パーフィクト

形 申し分のない，完璧(かんぺき)な
▶ a perfect day for camping
キャンプをするのに申し分のない日

0496　▼アクセント

economic
[i:kənɑ́mik] イーコナミク

形 経済の
▶ the economic world　経済界

『5分間テストブック』を解いてみよう！ ➔ 別冊 p.34

0497 発音

comfortable
[kʌ́mfərtəbl] カンファタブル

形 **快適な**
▶ a comfortable living room　快適なリビングルーム

0498

electric
[iléktrik] イレクトゥリク

形 **電気の**
▶ an electric car　電気自動車

0499

current
[kə́:rənt] カーレント

形 **流通している，** 現在の
名 流れ，風潮
▶ the current coin　流通している硬貨(こうか)

0500 アクセント

environmental
[invaiərənméntl] インヴァイ(ア)ロンメントゥル

形 **環境(かんきょう)の**
▶ environmental preservation　環境保全(かんきょうほぜん)

0501

confident
[kánfədənt] カンフィデント

形 **自信がある，** 確信して
▶ be confident in my cooking skills
料理の腕(うで)に自信がある

0502

positive
[pázətiv] パズィティヴ

形 **積極的な，** 肯定的(こうていてき)な
▶ a positive way of thinking　積極的な考え方

0503

aware
[əwéər] アウェア

形 **気づいて**
▶ be aware of the problem
その問題に気づいている

0504

educational
[edʒukéiʃənəl] エヂュケイシ(ョ)ナル

形 **教育の，** 教育的な
▶ an educational system　教育制度

0505
due
[djuː] デュー

形 **期限が来て,** (be due to *do* で) **～する予定である**

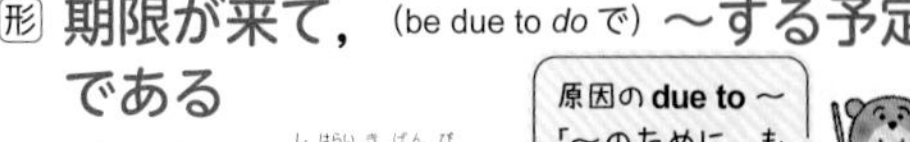

▶ a due date　支払期限日

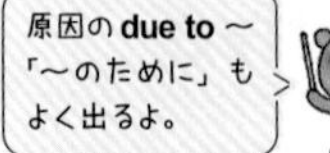

原因の **due to** ～
「～のために」も
よく出るよ。

0506
tough
[tʌf] タフ　発音

形 **困難な,** たくましい

▶ a tough job　困難な仕事

0507
temporary
[témpəreri] テンポレリィ

形 **仮の,** 一時的な

▶ a temporary residence　仮の住まい

0508
homeless
[hóumlis] ホウムリス

形 **家のない**

名 (the をつけて)ホームレス

▶ a homeless woman　家のない女性

0509
harmful
[hɑ́ːrmfəl] ハームフル

形 **有害な**

▶ a harmful insect　害虫

0510
valuable
[vǽljuəbl] ヴァリュ(ア)ブル

形 **高価な,** 有益な

名 (ふつう複数形で)貴重品

▶ a valuable necklace　高価なネックレス

0511
negative
[négətiv] ネガティヴ

形 **消極的な,** 否定の

▶ a negative personality　消極的な性格

0512
classic
[klǽsik] クラスィク

形 **典型的な,** (文学・芸術などが)最高水準の

▶ a classic sign of influenza
インフルエンザの典型的な症状

『5分間テストブック』を解いてみよう！ ➡ 別冊 p.35

0513

active

[ǽktiv] アクティヴ

形 **活動中の，** 活動的な

▶ an active volcano　活火山

0514

flexible

[fléksəbl] フレクスィブル

形 **柔軟な**

▶ flexible thinking　柔軟な思考

0515 ▼アクセント

instead

[instéd] インステッド

副 **その代わりに**

▶ Would you like coffee instead?

その代わりにコーヒーはいかがでしょうか。

0516

recently

[ríːsntli] リースントゥリィ

副 **最近**

▶ I haven't seen him recently.

私は最近彼に会っていない。

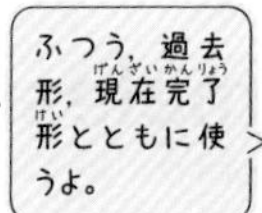

ふつう，過去形，現在完了形とともに使うよ。

0517

actually

[ǽktʃuəli] アクチュアリィ

副 **実際には**

▶ They were actually farmers.

彼らは実際には農業従事者だった。

0518

probably

[prɑ́bəbli] プラバブリィ

副 **たぶん**

▶ His answer is probably correct.

彼の答えはたぶん正しい。

0519

rather

[rǽðər] ラザァ

副 **いくぶん，** かなり，むしろ

▶ Mom is rather tired.　母はいくぶん疲れている。

0520

originally

[ərídʒənəli] オリヂナリィ

副 **もともと，** 最初は

▶ This product is originally from Canada.

この製品はもともとカナダ由来だ。

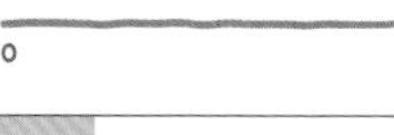

■0521

unfortunately

[ʌnfɔ́ːrtʃənətli] アンフォーチ(ュ)ネトゥリィ

副 **不運にも**

▶ Unfortunately, I have no other choice.
不運にも私にはほかの選択肢(せんたくし)がない。

■0522 発音

moreover

[mɔːróuvər] モーオウヴァ

副 **その上**

▶ The car looks nice. Moreover, it's reasonable.
その車は見た目がよい。その上値段が手ごろだ。

■0523

sincerely

[sinsíərli] スィンスィアリィ

副 **心から**

▶ I sincerely apologize to you.
私はあなたに心からお詫(わ)びします。

■0524

luckily

[lʌ́kili] ラキリィ

副 **運よく**

▶ Luckily, he got a job. 運よく彼は仕事を得た。

■0525

somewhere

[sʌ́mhweər] サム(フ)ウェア

副 **どこかに[で，へ]**

▶ somewhere around here この辺りのどこかに

■0526

therefore

[ðéərfɔːr] ゼアフォー(ァ)

副 **それゆえに，** したがって

▶ I think; therefore I am. 我思う，ゆえに我あり。

■0527

regularly

[régjulərli] レギュラリィ

副 **定期的に**

▶ hold a meeting regularly 定期的に会議を開く

■0528

lately

[léitli] レイトゥリィ

副 **最近**

▶ He has been busy lately.
彼は最近忙(いそが)しい。

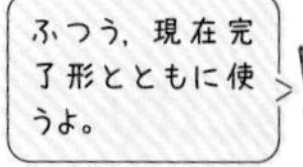

 『5分間テストブック』を解いてみよう！ ➜ 別冊 p.36

0529～0544

0529
furthermore
[fə́ːrðərmɔ̀ːr] ファーザァモー(ァ)

副 その上，さらに
▶ Furthermore, we have the same taste.
その上，私たちは趣味(しゅみ)が合う。

0530
especially
[espéʃəli] エスペシ(ャ)リィ

副 特に
▶ I like fruit, especially grapes.
私はくだもの，特にブドウが好きだ。

0531
eventually
[ivéntʃuəli] イヴェンチュ(ア)リィ

副 結局(は)
▶ They eventually became extinct.
それらは結局絶滅(ぜつめつ)した。

0532
downtown
[dáuntáun] ダウンタウン

副 町の中心部へ[で]
名 町の中心部　形 町の中心部の
▶ go downtown　町の中心部へ行く

0533
badly
[bǽdli] バドゥリィ

副 ひどく，非常に
▶ be badly damaged　ひどく損傷を受けている

0534　アクセント
nevertheless
[nevərðəlés] ネヴァザレス

副 それにもかかわらず
▶ It was cheap. Nevertheless, I didn't want it.
それは安かった。それにもかかわらずほしくなかった。

0535
meanwhile
[míːnhwail] ミーン(フ)ワイル

副 その間に，一方
▶ Clean the room. Meanwhile, I'll cook for you.
部屋を掃除(そうじ)しなさい。その間に私はあなたのために料理します。

0536
directly
[diréktli] ディレクトゥリィ

副 直接に
▶ Ask her directly.　彼女(かのじょ)に直接尋(たず)ねなさい。

■0537
further
[fə́:rðər] ファーザァ

副 **さらに，** もっと遠くに
▶ have nothing further to say
さらに言うことはない

■0538
rapidly
[rǽpidli] ラピドゥリィ

副 **急速に**
▶ grow rapidly 急速に育つ

■0539
properly
[prɑ́pərli] プラパリィ

副 **適切に**
▶ work properly 適切に作動する

■0540
mostly
[móustli] モウストゥリィ

副 **ほとんど，** たいてい
▶ be mostly done ほとんど終わっている

■0541
efficiently
[ifíʃəntli] イフィシェントゥリィ

副 **効率的に，** 能率的に
▶ use time efficiently 時間を効率的に使う

■0542
nowadays
[náuədeiz] ナウアデイズ

副 **近ごろは，** 今日では
▶ Nowadays she often gets angry.
近ごろ彼女はよく怒る。

現在(進行)形と使うのがふつうで，現在完了形とは使わないよ。

■0543
immediately
[imí:diətli] イミーディエトゥリィ

副 **直ちに，** すぐに
▶ start immediately 直ちに始める

■0544
frequently
[frí:kwəntli] フリークウェントゥリィ

副 **しばしば**
▶ visit her frequently 彼女をしばしば訪ねる

『5分間テストブック』を解いてみよう！ ➜ 別冊 p.37

0545
environmentally
[invaiərənméntəli] インヴァイ(ア)ロンメンタリィ

副 環境的に、環境(保護)の点で
▶ an environmentally friendly vehicle
環境に優しい乗り物

0546
indeed
[indí:d] インディード

副 本当に
▶ He is kind indeed. 彼は本当に親切だ。

0547
completely
[kəmplí:tli] コンプリートゥリィ

副 完全に
▶ a completely different approach
完全に異なるやり方

0548
gradually
[grædʒuəli] グラヂュアリィ

副 徐々に
▶ spread gradually 徐々に広まる

0549
exactly
[igzæktli] イグザクトゥリィ

副 正確に、まさに
▶ know the date exactly 正確に日付を知っている

0550
rarely
[réərli] レアリィ

副 めったに～ない
▶ We rarely eat out. 私たちはめったに外食しない。

0551
extremely
[ikstrí:mli] イクストゥリームリィ

副 極めて
▶ an extremely boring game 極めて退屈な試合

0552
normally
[nɔ́:rməli] ノーマリィ

副 通常は
▶ be normally closed 通常は閉まっている

0553

locally

[lóukəli] ロウカリィ

副 **地元で,** ある地方で

▶ locally produced goods　地元で生産された商品

0554

nearly

[níərli] ニアリィ

副 **もう少しで～するところで,** ほとんど

▶ nearly miss the last train
もう少しで終電を逃(のが)すところだ

0555

poorly

[púərli] プ(ア)リィ

副 **貧しく,** 下手に

▶ live poorly　貧しく暮らす

0556　▼アクセント

except

[iksépt] イクセプト

前 **～を除いては**

接 (～であることを)除いては

▶ everyone except him　彼を除いて皆(みな)

0557

despite

[dispáit] ディスパイト

前 **～にもかかわらず**

▶ despite her advice
彼女(かのじょ)のアドバイスにもかかわらず

in spite of ～「～にもかかわらず」でも同じような意味を表せるよ。

0558

unlike

[ʌnláik] アンライク

前 **～とは違(ちが)って**

▶ unlike many others　その他大勢とは違って

0559　▼アクセント

within

[wiðín] ウィズィン

前 **～以内に**

▶ within an hour　1時間以内に

0560　▼アクセント

throughout

[θru:áut] スルーアウト

前 **～の間ずっと,** ～の至るところで

▶ throughout the meal　食事の間ずっと

『5分間テストブック』を解いてみよう！　➜ 別冊 p.38

英検TIPS!

当日の流れ

いよいよ英検当日！　ケンとアカネは無事に受験に臨めるかな？

1
さぁ，英検試験当日。
時間に余裕をもって会場へ！
ヨシッ
英検会場 9時～
アカネ

2
受験票と貼り紙で教室確認。好きな席に座ろう！
おはよう♪
あっおはよう…
ケン

3
問題冊子・解答用紙が配られた。
指示に従って必要事項を記入！
アッ
ケシゴムが
コロコロ
ブルブル

4
試験監督者の合図でいざ試験開始！
まちがえないように…
スタート
サクサク

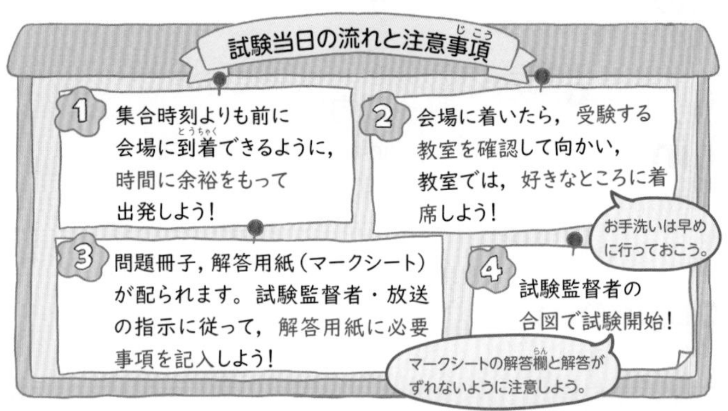

試験当日の流れと注意事項
1 集合時刻よりも前に会場に到着できるように，時間に余裕をもって出発しよう！
2 会場に着いたら，受験する教室を確認して向かい，教室では，好きなところに着席しよう！
お手洗いは早めに行っておこう。
3 問題冊子，解答用紙（マークシート）が配られます。試験監督者・放送の指示に従って，解答用紙に必要事項を記入しよう！
4 試験監督者の合図で試験開始！
マークシートの解答欄と解答がずれないように注意しよう。

最新の情報は日本英語検定協会のホームページで確認しましょう。

よく出る 単語400

この章では英検で
複数回出てきた単語を学習するよ！
しっかりおぼえて，ほかの人と差をつけよう！

0561
scan
[skæn] スキャン

動 **～にざっと目を通す,** ～をスキャンする
名 スキャン，精密検査
▶ scan the documents　文書にざっと目を通す

0562
disappear
[disəpíər] ディサピア

動 **見えなくなる**
▶ disappear completely　完全に見えなくなる

0563
select
[səlékt] セレクト

動 **～を選ぶ**
▶ select an answer　答えを選ぶ

0564
observe
[əbzə́:rv] オブザーヴ

動 **～を観察する,** (法など)を守る
▶ observe nature　自然を観察する

0565
achieve
[ətʃí:v] アチーヴ

動 **～を達成する,** 成(な)し遂(と)げる
▶ achieve my goal　目標を達成する

0566　発音
lie
[lai] ライ

動 **横になる,** 置いてある
変化形　**lie - lay - lain**
▶ lie on the sofa　ソファの上に横になる

lie は「うそをつく」の意味でも使い，変化形は **lie-lied-lied** だよ。

0567
lift
[lift] リフト

動 **～を持ち上げる,** ～を高める
名 上昇(じょうしょう)，持ち上げること，スキーリフト
▶ lift a box　箱を持ち上げる

0568
reset
[ri:sét] リーセット

動 **～をリセットする,** ～を再設定する
変化形　**reset - reset - reset**
▶ reset the PC　パソコンをリセットする

0569
specialize
[spéʃəlaiz] スペシャライズ

動 専門にする
▶ specialize in organic food
有機食品を専門にする

「～を専門にする」は **specialize in ～** だよ。

0570
commit
[kəmít] コミット

動 (罪など)を犯す，～に義務を負わせる
▶ commit a crime　罪を犯す

0571
earn
[əːrn] アーン

動 (賃金など)を稼(かせ)ぐ，(名声など)を得る
▶ earn a lot of money　大金を稼ぐ

0572
translate
[trǽnsleit] トゥランスレイト

動 ～を翻訳(ほんやく)する
▶ translate Japanese into English
日本語を英語に翻訳する

0573
respect
[rispékt] リスペクト

動 ～を尊敬する，～を尊重する
名 尊敬，尊重
▶ respect my parents　両親を尊敬する

0574
respond
[rispɑ́nd] リスパンド

動 返答する，反応する
▶ respond to e-mails quickly
素早くメールに返答する

0575
reserve
[rizə́ːrv] リザーヴ

動 (座席・部屋など)を予約する
▶ reserve a table at a restaurant
レストランで席を予約する

0576
tend
[tend] テンド

動 (tend to *do* で) ～する傾向(けいこう)がある
▶ tend to eat too much
食べ過ぎる傾向がある

『5分間テストブック』を解いてみよう！　➡ 別冊 p.39

0577～0592

0577

correct

[kərékt]コレクト

動 ～を訂正(ていせい)する

形 正しい，正確な

▶ correct the answer　答えを訂正する

0578

amuse

[əmjú:z]アミューズ

動 ～を楽しませる

▶ amuse children　子どもたちを楽しませる

0579

process

[práses]プラセス

動 (食品・原料など)を加工処理する

名 過程

▶ process fish in the factory
工場で魚を加工処理する

名詞の「過程」の意味でもよく出るよ。

0580

dig

[dig]ディッグ

動 ～を掘(ほ)る

変化形 **dig - dug - dug**

▶ dig a big hole　大きい穴を掘る

0581

bother

[báðər]バザァ

動 ～を困らせる

▶ bother you again　またあなたを困らせる

0582

freeze

[fri:z]フリーズ

動 ～を凍(こお)らせる，凍る

名 凍結(とうけつ)，寒波

変化形 **freeze - froze - frozen**

▶ freeze meat　肉を凍らせる

0583　発音

judge

[dʒʌdʒ]ヂャッヂ

動 ～を審査(しんさ)する，～を判断する

名 裁判官，審査員

▶ judge the performances fairly　公平に演技を審査する

0584

advance

[ədvǽns]アドゥヴァンス

動 ～を促進(そくしん)する，～を前へ進める

▶ advance sales　売り上げを促進する

■0585 ▼アクセント

progress

[prəgrés] プログレス

動 進歩[向上]する
名 進歩，前進 [prágres]
▶ progress dramatically 飛躍的に進歩する

■0586

consist

[kənsíst] コンスィスト

動 (consist of ～で) ～から成る
▶ consist of two countries 2つの国から成る

■0587

react

[riːǽkt] リーアクト

動 反応する，反発する
▶ react to sound 音に反応する

■0588 ▼アクセント

insert

[insə́ːrt] インサート

動 ～を挿入する
名 挿入物 [ínsəːrt]
▶ insert the key into the lock 錠に鍵を挿入する

■0589

flow

[flou] フロウ

動 (液体や空気が)流れる
名 流れ
▶ flow into the ocean 海に流れる

■0590 ▼アクセント

convert

[kənvə́ːrt] コンヴァート

動 ～を変える
▶ convert the color of light 照明の色を変える

■0591

sail

[seil] セイル

動 航海[航行]する
名 帆，船
▶ sail around the world 世界中を航海する

■0592

hide

[haid] ハイド

動 ～を隠す，隠れる
変化形 **hide - hid - hidden**
▶ hide a problem 問題を隠す

▷『5分間テストブック』を解いてみよう！ ➡ 別冊 p.40

■0593

broadcast

[brɔ́:dkæst] ブロードゥキャスト

動 ～を放送する

名 （テレビなどの）放送（番組）

▶ broadcast news　ニュースを放送する

■0594

bake

[beik] ベイク

動 （パン・ケーキなど）を焼く

▶ bake a cake　ケーキを焼く

■0595

combine

[kəmbáin] コンバイン

動 ～を結び付ける

▶ combine two elements　2つの要素を結び付ける

■0596　アクセント

overcome

[ouvərkʌ́m] オウヴァカム

動 ～を克服（こくふく）する

変化形　**overcome - overcame - overcome**

▶ overcome a problem　問題を克服する

■0597

declare

[dikléər] ディクレア

動 ～を宣言する

▶ declare independence　独立を宣言する

■0598　発音

vary

[véəri] ヴェ（ア）リィ

動 異なる，～を変える

▶ vary in size
サイズが異なる

vary は variety や variation などと一緒（いっしょ）におぼえよう。

■0599

pollute

[pəlú:t] ポルート

動 ～を汚染（おせん）する

▶ pollute the river
川を汚染する

名詞の pollution「汚染」も環境（かんきょう）がテーマの英文でよく出るよ。

■0600　アクセント

establish

[istǽbliʃ] イスタブリシ

動 ～を設立する，～を確立する

▶ establish a company　会社を設立する

0 500 1000 1380

■0601

escape

[iskéip] イス**ケ**イプ

動 **逃げる，**～を逃れる

名 逃亡，脱出

▶ escape from the cage　おりから逃げる

■0602

injure

[índʒər] **イ**ンヂァ

動 **～にけがをさせる**

▶ injure kids　子どもたちにけがをさせる

■0603

seal

[siːl] **スィ**ール

動 **～に封をする**

名 印鑑，封印，目張り

▶ seal a letter　手紙に封をする

■0604　▼アクセント

imitate

[íməteit] **イ**ミテイト

動 **～をまねる**

▶ imitate adults　大人をまねる

■0605

assist

[əsíst] ア**スィ**スト

動 **～を助ける**

▶ assist my colleague　同僚を助ける

■0606

investigate

[invéstəgeit] イン**ヴェ**スティゲイト

動 **～を調査する**

▶ investigate the case　その事件を調査する

■0607

switch

[switʃ] ス**ウィ**ッチ

動 **～を交換する，**スイッチで切り替える

名 スイッチ

▶ switch seats　席を交換する

■0608

bend

[bend] **ベ**ンド

動 **～を曲げる，**曲がる

変化形　**bend - bent - bent**

▶ bend my knees　ひざを曲げる

『5分間テストブック』を解いてみよう！ ➡ 別冊 p.41

0609 ～ 0624

0609

fold

[fould] フォウルド

動 **～をたたむ，** ～を折る

▶ fold the laundry
洗濯物をたたむ

fold は特に，紙や布などを折るときに使うよ。

0610

confuse

[kənfjúːz] コンフューズ

動 **～を当惑させる，** ～を混同する

▶ confuse teachers　先生たちを当惑させる

0611

rob

[rɑb] ラブ

動 **～から奪う**

▶ rob him of his wallet
彼から財布を奪う

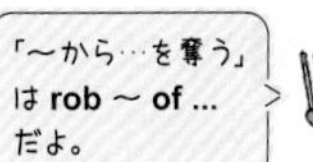
「～から…を奪う」
は rob ～ of ...
だよ。

0612

hate

[heit] ヘイト

動 **～を嫌う**

▶ hate insects　虫を嫌う

0613

track

[træk] トゥラック

動 **～をたどる**

▶ track footsteps　足跡をたどる

0614

weigh　発音

[wei] ウェイ

動 **～の重さがある，** ～の重さを量る

▶ weigh 50 kilos　50 キロの重さがある

0615

sort

[sɔːrt] ソート

動 **～を分類する，** ～を選び出す

名 種類

▶ sort animals by habitat
生息地によって動物を分類する

0616

stretch

[stretʃ] ストゥレッチ

動 **～を伸ばす，** 伸びる

名 ひと続きの広がり，伸ばすこと

▶ stretch my arms　腕を伸ばす

■0617
display
[displéi] ディスプレイ

動 ～を展示する
名 展示
▶ display my work　自分の作品を展示する

■0618　発音
pour
[pɔːr] ポー(ァ)

動 ～を注ぐ，～を放出する
▶ pour milk　牛乳を注ぐ

■0619
roast
[roust] ロウスト

動 ～を焼く
▶ roast meat　肉を焼く

■0620
obtain
[əbtéin] オブテイン

動 ～を得る
▶ obtain permission　許可を得る

■0621
associate
[əsóuʃieit] アソウシエイト

動 ～を結び付けて考える
▶ associate various things with money
お金とさまざまなものを結び付けて考える

■0622
adapt
[ədǽpt] アダプト

動 ～を適応[適合]させる
▶ adapt myself to the new environment
新しい環境(かんきょう)に自分自身を適応させる

adopt「～を採用する」と区別して使おう。

■0623
debate
[dibéit] ディベイト

動 ～を討論する，討論する
名 討論
▶ debate the issue　その問題を討論する

■0624　アクセント
refund
[rifʌ́nd] リファンド

動 ～を払(はら)い戻(もど)す
名 返済(金) [ríːfʌnd]
▶ refund a deposit　敷金(しききん)を払い戻す

『5分間テストブック』を解いてみよう！ ➡ 別冊 p.42

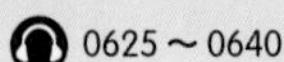

0625

sink

[siŋk] スィンク

動 沈む，～を沈める

名 流し(台)

変化形 **sink - sank - sunk**

▶ sink into the sea 海に沈む

0626

stir

[stəːr] スター

動 ～をかき混ぜる

▶ stir vegetables in the pan
フライパンの野菜をかき混ぜる

0627

witness

[wítnis] ウィトゥニス

動 ～を目撃する，～を証明する

名 目撃者，証人

▶ witness a crime 犯罪を目撃する

0628

restore

[ristɔ́ːr] リストー(ァ)

動 (秩序・健康など)を回復させる，～を修復する

▶ restore stamina 体力を回復させる

0629

assume

[əsúːm] アスーム

動 ～を想定する

▶ assume the worst 最悪の事態を想定する

0630

wipe

[waip] ワイプ

動 ～を拭く

▶ wipe a table テーブルを拭く

0631 アクセント

betray

[bitréi] ビトゥレイ

動 ～を裏切る

▶ betray my friend 友達を裏切る

0632

bet

[bet] ベット

動 絶対～だと確信する，～を賭ける

▶ I bet you will like it.
絶対あなたはそれを気に入ると確信します。

0 500 1000 1380

■0633
blame
[bleim] ブレイム

動 ～に責任を負わせる
▶ blame me for the accident
私にその事故の責任を負わせる

■0634
boil
[bɔil] ボイル

動 ～をゆでる
▶ boil some eggs　いくつかの卵をゆでる

■0635
exist
[igzíst] イグズィスト

動 生存する，存在する
▶ exist in the wild　野生で生存する

■0636
convince
[kənvíns] コンヴィンス

動 (convince 人 that ... で) (人)に…を確信させる
▶ convince him that the story is true
彼(かれ)にその話が真実であることを確信させる

■0637
delete
[dilí:t] ディリート

動 ～を削除(さくじょ)する
▶ delete the old information　古い情報を削除する

■0638
distinguish
[distíŋgwiʃ] ディスティングウィシ

動 区別する
▶ distinguish between dream and reality
夢と現実を区別する

■0639　発音
drown
[draun] ドゥラウン

動 おぼれ死ぬ
▶ drown in the river　川でおぼれ死ぬ

able「可能な」に動詞をつくる接頭辞en-をつけた形だよ。

■0640
enable
[inéibl] イネイブル

動 (enable 人 to *do* で)
(人)が～することを可能にする
▶ enable us to work together　私たちが協力し合うことを可能にする

よく出る単語
動詞

『5分間テストブック』を解いてみよう！ ➡ 別冊 p.43

■0641 アクセント

interpret

[intə́ːrprit] インタープリト

動 ～を解釈(かいしゃく)する，～を通訳する

▶ interpret the data in different ways
いろいろな方法でデータを解釈する

■0642 アクセント

irritate

[írəteit] イリテイト

動 ～をいらいらさせる

▶ irritate me 私をいらいらさせる

■0643

march

[mɑːrtʃ] マーチ

動 行進する

▶ march through the town 町中を行進する

■0644

master

[mǽstər] マスタァ

動 ～を習得する

▶ master Spanish スペイン語を習得する

■0645 発音

owe

[ou] オウ

動 ～に…を借りている

▶ owe you ten dollars
あなたに 10 ドルを借りている

■0646

permit

[pərmít] パミット

動 (permit 人 to *do* で)
(人)が～することを許可する

▶ permit us to take photos 私たちが写真を撮(と)ることを許可する

■0647

pile

[pail] パイル

動 ～を積み重ねる

▶ pile books on the floor 床(ゆか)に本を積み重ねる

■0648

polish

[pɑ́liʃ] パリシ

動 ～を磨(みが)く

▶ polish my shoes くつを磨く

■0649
insist
[insíst] イン**スィ**スト

動 (insist on ～で)～を強く主張する
▶ insist on her innocence
彼女(かのじょ)の無実を強く主張する

■0650
bloom
[blu:m] ブ**ルー**ム

動 (花が)咲(さ)く
名 (主に観賞用植物の)花
▶ bloom in spring　春に咲く

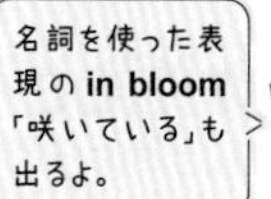

名詞を使った表現の **in bloom**「咲いている」も出るよ。

■0651
refuse
[rifjú:z] リ**フュー**ズ

動 (refuse to *do* で) ～することを拒(こば)む
▶ refuse to accept the offer
その申し出を受けることを拒む

■0652
detect
[ditékt] ディ**テ**クト

動 ～を検出する
▶ detect some poison
いくらかの毒を検出する

■0653
scratch
[skrætʃ] スク**ラ**ッチ

動 ～を(爪(つめ)などで)かく
▶ scratch my back　背中をかく

■0654　発音
treasure
[tréʒər] トゥ**レ**ジァ

動 ～を大切にする
名 財宝
▶ treasure my family　家族を大切にする

■0655
utilize
[jú:təlaiz] **ユー**ティライズ

動 ～を利用する
▶ utilize new technology　新しい科学技術を利用する

■0656
settle
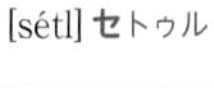
[sétl] **セ**トゥル

動 定住する，(問題・紛争(ふんそう)など)を解決する
▶ settle in Singapore　シンガポールに定住する

よく出る単語
動詞

『5分間テストブック』を解いてみよう！ ➜ 別冊 p.44

■0657

direct

[dirékt] ディレクト

動 ～を監督する，～を向ける

形 直接の

▶ direct a play　演劇を監督する

■0658

sacrifice

[sǽkrəfais] サクリファイス

動 ～を犠牲にする

名 犠牲

▶ sacrifice my career　キャリアを犠牲にする

■0659　アクセント

imply

[implái] インプライ

動 ～をほのめかす

▶ imply that it is my mistake
それは私のミスであることをほのめかす

英検では that 節が続く文でよく出るよ。

■0660

divide

[diváid] ディヴァイド

動 ～を分ける

▶ divide the pizza into four　4つにピザを分ける

■0661

force

[fɔːrs] フォース

動 (force 人 to *do* で) (人)に～することを強いる

名 力，暴力，軍隊

▶ force me to stay at home　私に家にいることを強いる

■0662

conclude

[kənklúːd] コンクルード

動 ～を終える，締結する

▶ conclude a speech　スピーチを終える

■0663

reflect

[riflékt] リフレクト

動 ～を反映する，～を反射する

▶ reflect your thoughts　あなたの考えを反映する

■0664

beat

[biːt] ビート

動 ～を打ち負かす，鼓動する　名 鼓動，拍子

変化形　**beat - beat - beat[beaten]**

▶ beat our opponent in the game
試合で相手を打ち負かす

■0665

crash

[kræʃ] クラッシ

動 衝突(しょうとつ)する，墜落(ついらく)する

名 衝突，墜落

▶ crash into a truck　トラックに衝突する

■0666

float

[flout] フロウト

動 浮(う)かぶ，漂(ただよ)う

▶ float in the pool
プールに浮かぶ

反意語は sink「沈(しず)む」だよ。

■0667

vote

[vout] ヴォウト

動 投票する

名 投票，票

▶ vote for the candidate　その候補者に投票する

■0668

decline

[dikláin] ディクライン

動 衰退(すいたい)する，～を丁重に断る

名 衰退

▶ decline gradually　徐々(じょじょ)に衰退する

■0669

ban

[bæn] バン

動 ～を禁止する

名 禁止

▶ ban the use of smartphones
スマートフォンの使用を禁止する

■0670

confirm

[kənfə́ːrm] コンファーム

動 ～を確かめる

▶ confirm your attendance at the meeting
会議への出席を確かめる

■0671

install

[instɔ́ːl] インストール

動 (装置など)を設置する，
(ソフトなど)をインストールする

▶ install an air conditioner　エアコンを設置する

■0672　▼アクセント

educate

[édʒukeit] エデュケイト

動 ～を教育する

▶ educate a child　子どもを教育する

『5分間テストブック』を解いてみよう！　➜ 別冊 p.45

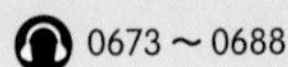

0673
stock
[stɑk] スタック

動 (商品)を店に置いている, ～に補充(ほじゅう)する
名 在庫品, 蓄(たくわ)え, 株式
▶ stock a wide variety of goods
さまざまな商品を店に置いている

0674 発音
launch
[lɔ:ntʃ] ローンチ

動 ～を発射する, ～を売り出す
名 発射, 開始
▶ launch a rocket into space
宇宙にロケットを発射する

0675
define
[difáin] ディファイン

動 ～を明確に示す, ～を定義する
▶ define my goal 目標を明確に示す

0676
ease
[i:z] イーズ

動 ～を和らげる
名 たやすさ
▶ ease the symptoms 症状(しょうじょう)を和らげる

0677
rebuild
[ri:bíld] リービルド

動 ～を改築する, ～を再建する
変化形 **rebuild - rebuilt - rebuilt**
▶ rebuild a house 家を改築する

0678 発音
reuse
[ri:jú:z] リーユーズ

動 ～を再利用する
名 再利用 [ri:jú:s]
▶ reuse paper 紙を再利用する

0679
commute
[kəmjú:t] コミュート

動 通勤[通学]する
▶ commute by train
電車で通勤する

commute to work
「通勤する」の形でも出るよ。

0680
tolerate
[tá:ləreit] ターレレイト

動 ～に耐(た)える
▶ tolerate hot weather 暑い天気に耐える

0681 ▼アクセント

substitute

[sʌ́bstətjuːt] サブスティテュート

動 ～を代わりに用いる，代わりをする
名 代わりとなる人
▶ substitute honey for sugar　はちみつを砂糖の代わりに用いる

0682

feature

[fíːtʃər] フィーチァ

動 (新聞などで)～を特集する，(映画などで)～を主演させる　名 特徴
▶ feature local cafés on TV　テレビで地元のカフェを特集する

0683

construct

[kənstrʌ́kt] コンストゥラクト

動 ～を建設する
▶ construct a tower　塔を建設する

0684

arrest

[ərést] アレスト

動 ～を逮捕する
名 逮捕
▶ arrest the suspect　容疑者を逮捕する

0685 ▼アクセント

confess

[kənfés] コンフェス

動 (confess to ～，confess で)～を白状する
▶ confess to the crime　罪を白状する

0686

reverse

[rivə́ːrs] リヴァース

動 ～を逆にする
形 逆の　名 (the をつけて)逆
▶ reverse the order　順序を逆にする

0687

admire

[ədmáiər] アドゥマイア

動 ～を称賛する
▶ admire the police officer　その警官を称賛する

0688

appeal

[əpíːl] アピール

動 訴える，懇願する
名 訴え，懇願
▶ appeal to young people　若者に訴える

『5分間テストブック』を解いてみよう！　➡ 別冊 p.46

0689
inspire
[inspáiə*r*] インスパイア

動 ～を奮い立たせる
▶ inspire me a lot　とても私を奮い立たせる

0690　発音
cough
[kɔ:f] コーフ

動 咳(せき)をする
名 咳
▶ cough due to dust　ほこりで咳をする

0691　アクセント
differ
[dífə*r*] ディファ

動 違(ちが)う
▶ differ from others　ほかの人たちとは違う

0692
factor
[fǽktə*r*] ファクタァ

名 要因
▶ a factor in global warming　地球温暖化の要因

0693
structure
[strʌ́ktʃə*r*] ストゥラクチァ

名 構造，建造物
▶ the bone structure of the dinosaur
恐竜(きょうりゅう)の骨の構造

0694
link
[liŋk] リンク

名 つながり　動 ～を結びつける
▶ a strong link between the two nations
２国間の強いつながり

click on this link
「このリンクをクリックする」の「リンク」の意味でも使われるよ!

0695　発音
sight
[sait] サイト

名 視力，見ること
▶ have good sight　視力がよい

0696
truck
[trʌk] トゥラック

名 トラック
▶ a truck driver　トラック運転手

0　500　1000　1380

■0697　発音

receipt

[risí:t] リスィート

名 領収書，レシート

▶ make out a receipt　領収書を書く

■0698

tail

[teil] テイル

名 しっぽ，後部

▶ a long tail　長いしっぽ

■0699

attraction

[ətrǽkʃən] アトゥラクション

名 魅力(みりょく)，人を引き付けるもの

▶ have an interesting attraction
興味深い魅力がある

■0700　発音

weapon

[wépən] ウェポン

名 兵器，武器

▶ weapons of mass destruction　大量破壊兵器(たいりょうはかいへいき)

■0701

literature

[lítərətʃ(u)ə*r*] リテラチ(ュ)ア

名 文学，文献(ぶんけん)

▶ a professor of Japanese literature
日本文学の教授

■0702

version

[və́:*r*ʒən] ヴァージョン

名 (出版物などの)版

▶ a film version of the novel　小説の映画版

■0703

duty

[djú:ti] デューティ

名 義務，職務

▶ a duty to serve society　社会に奉仕(ほうし)する義務

■0704

review

[rivjú:] リヴュー

名 再調査，批評

動 ～の批評を書く，～を再検討する

▶ a review of the evidence　証拠(しょうこ)の再調査

よく出る単語

動詞・名詞

『5分間テストブック』を解いてみよう！　➡ 別冊 p.47

■0705
communication
[kəmjuːnəkéiʃən] コミューニケイション

名 意思の疎通(そつう), コミュニケーション
▶ communication between team members チームメンバー間での意思の疎通

■0706
society
[səsáiəti] ソサイエティ

名 社会
▶ a multicultural society 多文化社会

■0707
trend
[trend] トゥレンド

名 傾向(けいこう), 流行
動 傾(かたむ)く
▶ current trends in the global economy 世界経済の最近の傾向

■0708
fear
[fiər] フィア

名 恐(おそ)れ, 不安
▶ shake with fear 恐れで震(ふる)える

■0709
scene
[siːn] スィーン

名 現場, 場面
▶ an accident scene 事故現場

■0710
skin
[skin] スキン

名 肌(はだ), 皮膚(ひふ)
▶ sensitive skin 敏感肌(びんかんはだ)

■0711
board
[bɔːrd] ボード

名 委員会, 板
動 ～に乗(の)り込(こ)む
▶ the board of directors 重役会

■0712
custom
[kʌ́stəm] カスタム

名 慣習, 習慣
▶ a local custom その土地の慣習

0 500 1000 1380

■0713 ▼アクセント

contract

[kɑ́ntrækt] カントゥラクト

名 契約(けいやく)，協定

動 (契約など)を結ぶ [kəntrǽkt]

▶ a contract of employment 雇用契約(こようけいやく)

■0714

standard

[stǽndərd] スタンダド

名 基準，規範(きはん)

形 標準の

▶ reach the required standard 要求基準に達する

■0715

profit

[prɑ́fit] プラフィト

名 利益

動 利益を得る

▶ lose profits 利益を失う

■0716 ▼アクセント

influence

[ínfluːəns] インフルーエンス

名 影響(えいきょう)，影響力

動 ～に影響を及(およ)ぼす

▶ the influence on global climate
地球の気候への影響

■0717 発音

purpose

[pə́ːrpəs] パーパス

名 目的

▶ accomplish my purpose
目的を達する

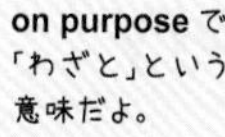
on purpose で「わざと」という意味だよ。

■0718

growth

[grouθ] グロウス

名 成長

▶ promote economic growth 経済成長を促進(そくしん)する

■0719

range

[reindʒ] レインヂ

名 範囲(はんい)

動 (範囲が)及ぶ

▶ a wide range of interests 広い範囲の興味

■0720

signal

[sígnəl] スィグナル

名 信号，合図

▶ a traffic signal 交通信号

 『5分間テストブック』を解いてみよう！ ➡ 別冊 p.48

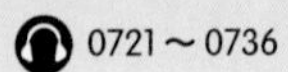

■0721 アクセント
instinct
[ínstiŋkt] インスティン(ク)ト
名 本能
▶ animal instincts　動物的本能

■0722 発音
recipe
[résəpi] レスィピ
名 レシピ
▶ a recipe for curry　カレーのレシピ

■0723
nylon
[náilɑn] ナイラン
名 ナイロン
▶ nylon socks　ナイロンくつ下

■0724
series
[síəri:z] スィ(ア)リーズ
名 (a series of ～で)一連の～，一続き
▶ a series of events　一連の出来事

■0725
theory
[θí:əri] スィーオリィ
名 仮説，理論
▶ support the theory　その仮説を支持する

■0726
laboratory
[lǽbərətɔ:ri] ラボラトーリィ
名 研究室，実験室
▶ a science laboratory
科学研究室

話し言葉では lab という短い形でも使うよ！

■0727
basement
[béismənt] ベイスメント
名 地階
▶ go down to the basement　地階へ降りる

■0728
league
[li:g] リーグ
名 リーグ
▶ a league match　リーグ戦

■0729

evolution

[evəlúːʃən] エヴォルーション

名 進化

▶ Darwin's theory of evolution　ダーウィンの進化論

■0730

mixture

[míkstʃər] ミクスチァ

名 混合(物)

▶ a mixture of flour and sugar
小麦粉と砂糖を混ぜたもの

■0731

layer

[léiər] レイア

名 層

▶ the ozone layer　オゾン層

■0732　発音

journey

[dʒə́ːrni] ヂャーニィ

名 旅行

▶ go on a journey to Hokkaido
北海道に旅行に行く

■0733

task

[tæsk] タスク

名 任務，(課せられた)仕事

▶ do a difficult task　困難な任務を行う

■0734

function

[fʌ́ŋkʃən] ファンクション

名 機能

動 機能する

▶ a function of muscles　筋肉の機能

■0735　発音

length

[leŋkθ] レンｸ(ク)ス

名 長さ

▶ the length of the rope　そのロープの長さ

■0736

gap

[gæp] ギャップ

名 すき間，隔(へだ)たり

▶ a gap between the boards　板のすき間

『5分間テストブック』を解いてみよう！　➔ 別冊 p.49

■0737
symbol
[símbəl] スィンボル

名 象徴，記号
▶ a symbol of peace 平和の象徴

■0738
operation
[ɑpəréiʃən] アペレイション

名 手術，（機械などの）運転
▶ perform an operation 手術を行う

■0739 発音
tongue
[tʌŋ] タング

名 舌，言語
▶ bite my tongue by mistake
誤って舌を噛む

my mother tongue は「私の母語」という意味だよ。

■0740
occasion
[əkéiʒən] オケイジョン

名 （特定の）時，場合
▶ on the occasion of her sixth birthday
彼女の6歳の誕生日の時に

■0741 発音
authority
[əθɑ́rəti] オサリティ

名 当局，権威
▶ the city authorities 市当局

■0742
permission
[pərmíʃən] パミション

名 許可
▶ get permission to use the photo
その写真を使う許可を得る

■0743
citizen
[sítəzn] スィティズン

名 国民，市民
▶ Japanese citizens 日本国民

■0744
option
[ɑ́pʃən] アプション

名 選択の自由，選択肢
▶ have no other option ほかに選択の自由がない

0745

scenery
[sí:nəri] スィーナリィ

名 風景

▶ beautiful scenery　美しい風景

0746

figure
[fígjər] フィギュア

名 数字，体型

動 ～を計算する，～と判断する

▶ add up figures　数を合計する

0747　発音

architect
[á:rkətekt] アーキテクト

名 建築家

▶ a famous architect
有名な建築家

architecture は「建築」という意味だよ。

0748　アクセント

pedestrian
[pidéstriən] ピデストゥリアン

名 歩行者

▶ a street with a lot of pedestrians
歩行者が多い通り

0749

scholar
[skálər] スカラァ

名 学者

▶ a great English scholar　偉大な英語学者

0750　アクセント

forecast
[fɔ́:rkæst] フォーキャスト

名 (天気)予報，予測

動 (天気)を予報する，～を予測する

▶ today's weather forecast　本日の天気予報

0751

barrier
[bǽriər] バリア

名 障壁，障害

▶ a language barrier　言葉の障壁

0752

wealth
[welθ] ウェルス

名 財産，富

▶ a man of wealth　財産家

語尾に -y がついた形容詞の wealthy「裕福な」も一緒におぼえよう。

『5分間テストブック』を解いてみよう！ ➔ 別冊 p.50

■0753

fat

[fæt] ファット

名 脂肪(しぼう)

形 太った

▶ burn body fat　体脂肪を燃やす

■0754

improvement

[imprú:vmənt] インプルーヴメント

名 改善，進歩

▶ an improvement in quality　質の改善

■0755

instruction

[instrʌ́kʃən] インストゥラクション

名 指示，使用説明書

▶ give him further instructions
彼(かれ)にさらなる指示を与(あた)える

■0756

countryside

[kʌ́ntrisaid] カントゥリサイド

名 田舎(いなか)

▶ live in the countryside　田舎で暮らす

■0757　発音

blood

[blʌd] ブラッド

名 血，血液

▶ lose a lot of blood
大量失血する

blood pressure は「血圧」という意味だよ。

■0758

valley

[vǽli] ヴァリィ

名 谷，流域

▶ a deep valley　深い谷

■0759

organ

[ɔ́:rgən] オーガン

名 臓器，器官

▶ the internal organs　内臓

■0760

choice

[tʃɔis] チョイス

名 選択(せんたく)

▶ make the right choice　正しい選択をする

0　500　1000　1380

■0761　アクセント

impact
[ímpækt] インパクト

名 影響，衝撃
動 強い影響を与える[impǽkt]
▶ have an impact on the environment
環境に影響を与える

■0762

emergency
[imə́ːrdʒənsi] イマーヂェンスィ

名 非常の場合，緊急
▶ an emergency exit
非常口

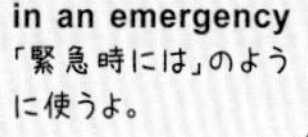

in an emergency
「緊急時には」のよう
に使うよ。

■0763

lack
[læk] ラック

名 不足，欠如
動 ～に欠けている
▶ lack of water　水不足

■0764

step
[step] ステップ

名 1歩，（階段などの）段
▶ take a step forward　1歩前進する

■0765

section
[sékʃən] セクション

名 部門，区域
▶ a shipping section　配送部門

■0766

shark
[ʃɑːrk] シャーク

名 サメ
▶ be attacked by a shark　サメに襲われる

■0767

reality
[riǽləti] リアリティ

名 現実
▶ escape from reality　現実から逃避する

■0768

entrance
[éntrəns] エントゥランス

名 入り口
▶ the entrance of the cave　洞窟の入り口

よく出る単語
名詞

『5分間テストブック』を解いてみよう！ ➔ 別冊 p.51

0769
package
[pǽkidʒ] パキヂ

㊔ 包み，セット
▶ open a package　包みを開ける

0770
translation
[trænsléiʃən] トゥランスレイション

㊔ 翻訳（ほんやく）
▶ read a picture book in translation
翻訳で絵本を読む

0771
collection
[kəlékʃən] コレクション

㊔ 収集，コレクション
▶ a stamp collection　切手収集

0772
destination
[destənéiʃən] デスティネイション

㊔ 目的地
▶ reach my destination　目的地に到着（とうちゃく）する

0773
highway
[háiwei] ハイウェイ

㊔ 幹線道路
▶ drive on the highway　幹線道路を走行する

0774
navy
[néivi] ネイヴィ

㊔ 海軍
▶ the British Navy　英国海軍

0775
insurance
[inʃúərəns] インシュ(ア)ランス

㊔ 保険
▶ health insurance　健康保険

0776
jam
[dʒæm] ヂャム

㊔ 渋滞（じゅうたい），（機械の）故障
㊍ ～を詰（つ）め込（こ）む，～を混雑させる
▶ a traffic jam　交通渋滞

We are stuck in a traffic jam.「私たちは交通渋滞で動けない」のように使うよ。

0　500　1000　1380

0777
mineral
[mínərəl] ミネラル

名 ミネラル，鉱物
▶ be rich in minerals　ミネラルが豊富である

0778
trick
[trik] トゥリック

名 芸当，策略
▶ perform a trick　芸当をする

0779
nation
[néiʃən] ネイション

名 国家，（the をつけて）国民
▶ a developing nation　発展途上国

0780
diet
[dáiət] ダイエト

名 ダイエット，（日常の）食事
▶ be on a diet　ダイエット中である

0781
surgery
[sə́ːrdʒəri] サーヂ（ェ）リィ

名 手術，外科
▶ have surgery on my eye　目の手術を受ける

0782　発音
threat
[θret] スレット

名 脅威，脅迫
▶ a threat to world peace　世界平和への脅威

0783
behavior
[bihéivjər] ビヘイヴャ

名 振る舞い，行動
▶ bad behavior　悪い振る舞い

0784　発音
luxury
[lʌ́gʒəri] ラグジ（ュ）リィ

名 ぜいたく品，ぜいたく
▶ spend a lot of money on luxuries
ぜいたく品にお金をたくさん使う

『5分間テストブック』を解いてみよう！　➡ 別冊 p.52

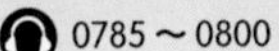

■0785

anniversary
[ænivə́ːrsəri] アニヴァーサリィ

名 記念日
▶ the anniversary of the founding of our school
私たちの学校の創立記念日

■0786 発音

aisle
[ail] アイル

名 通路
▶ an aisle seat 通路側の席

■0787 発音

cruise
[kruːz] クルーズ

名 (大型船での)船旅, クルーズ
▶ go on a cruise 船旅に出かける

■0788

identity
[aidéntəti] アイデンティティ

名 身元, アイデンティティー
▶ the identity of the victim 犠牲者の身元

■0789 アクセント

economics
[iːkənɑ́miks] イーコナミクス

名 経済学
▶ major in economics 経済学を専攻する

■0790 アクセント

semester
[siméstər] スィメスタァ

名 (2学期制の)学期
▶ the first semester 1学期

「(3学期制の)学期」の意味を表すtermも一緒におぼえよう。

■0791 発音

rhythm
[riðm] リズム

名 リズム, 調子
▶ the rhythm of daily life 日常生活のリズム

■0792

cancer
[kǽnsər] キャンサァ

名 がん, 悪性腫瘍
▶ get lung cancer 肺がんになる

■0793
birth
[bəːrθ] バース

名 **出生，** 誕生
▶ my place of birth　出生地

■0794
soil
[sɔil] ソイル

名 **土壌（どじょう），** 土
▶ rich soil　肥沃（ひよく）な土壌

■0795
wire
[wáiər] ワイア

名 **針金，** 電線
▶ bend wire　針金を曲げる

an electrical wire「電線」の形でも出るよ。

■0796
scar
[skɑːr] スカー

名 **傷跡（きずあと）**
▶ a scar on his face　彼（かれ）の顔の傷跡

■0797　アクセント
suburb
[sʌ́bəːrb] サバーブ

名 **郊外（こうがい）**
▶ live in a suburb of Tokyo
東京の郊外に住んでいる

■0798
foundation
[faundéiʃən] ファウンデイション

名 **基礎（きそ），** 設立，財団
▶ the foundation of a building　建物の基礎

■0799
resource
[ríːsɔːrs] リーソース

名 **資源，** 資金
▶ renewable resources　再生可能な資源

■0800
branch
[bræntʃ] ブランチ

名 **支店，** 枝
動 枝を出す，分岐する
▶ a branch manager　支店長

『5分間テストブック』を解いてみよう！　➡ 別冊 p.53

0801 発音

species
[spí:ʃi:z] スピーシーズ

名 種（しゅ）

▶ an endangered species 絶滅危惧種（ぜつめつきぐしゅ）

単数形も複数形も同じ形だよ。

0802

convenience
[kənví:njəns] コンヴィーニェンス

名 好都合，便利

▶ at your convenience 都合のよい時に

0803

principal
[prínsəpəl] プリンスィパル

名 校長，長

形 主要な，第一の

▶ the principal of a high school 高校の校長

0804

shot
[ʃɑt] シャット

名 発砲（はっぽう），（ワクチンなどの）注射

▶ fire a shot 発砲する

0805

extinction
[ikstíŋkʃən] イクスティンクション

名 絶滅（ぜつめつ）

▶ be in danger of extinction 絶滅の危機に瀕（ひん）している

0806

gravity
[grǽvəti] グラヴィティ

名 重力

▶ against the force of gravity 重力に逆らって

0807 アクセント

agriculture
[ǽgrikʌltʃər] アグリカルチァ

名 農業

▶ encourage agriculture 農業を奨励（しょうれい）する

0808 発音

applause
[əplɔ́:z] アプローズ

名 拍手（はくしゅ）

▶ a thunder of applause 万雷（ばんらい）の拍手

■0809

trial

[tráiəl] トゥライアル

名 **裁判**，試み

▶ bring her to trial 彼女(かのじょ)を裁判にかける

■0810 ▼アクセント

certificate

[sərtífikət] サティフィケト

名 **証明書**

▶ a birth certificate 出生証明書

■0811

hardship

[hɑ́ːrdʃip] ハードゥシプ

名 **苦難**

▶ share hardship with them 彼(かれ)らと苦難を共にする

■0812

justice

[dʒʌ́stis] ヂャスティス

名 **裁判**，公正

▶ the court of justice 裁判所

■0813

landscape

[lǽndskeip] ラン(ドゥ)スケイプ

名 **風景**

▶ a landscape painter 風景画家

ひと目で見渡(みわた)せる陸地の風景を指すことばだよ。

■0814

nutrition

[njutríʃən] ニュトゥリション

名 **栄養学**，栄養摂取(えいようせっしゅ)

▶ in the field of nutrition 栄養学の分野で

■0815

physics

[fíziks] フィズィクス

名 **物理学**

▶ study physics at school 学校で物理学を学ぶ

■0816

proportion

[prəpɔ́ːrʃən] プロポーション

名 **割合**

▶ have a large proportion of women 女性の割合が大きい

『5分間テストブック』を解いてみよう！ ➡ 別冊 p.54

0817

territory

[térətɔːri] テリトーリィ

名 領土

▶ Japanese territory 日本の領土

0818 発音

fault

[fɔːlt] フォールト

名 欠点，責任

▶ despite her faults
彼女(かのじょ)の欠点にもかかわらず

It's my fault. は「私のせいです」という意味だよ。

0819

revolution

[revəlúːʃən] レヴォルーション

名 革命

▶ the French Revolution フランス革命

0820

housework

[háuswəːrk] ハウスワーク

名 家事

▶ do housework 家事をする

0821 発音

lawyer

[lɔ́ːjər] ローヤァ

名 弁護士

▶ consult a lawyer 弁護士に相談する

0822

oxygen

[ɑ́ksidʒən] アクスィヂェン

名 酸素

▶ an oxygen mask 酸素マスク

0823 発音

supplement

[sʌ́pləmənt] サプリメント

名 サプリメント，栄養補助食品

▶ take a lot of supplements
たくさんのサプリメントをとる

0824

blanket

[blǽŋkit] ブランキト

名 毛布

▶ an electric blanket 電気毛布

0 500 1000 1380

0825
development
[divéləpmənt] ディヴェロプメント

名 発展，開発
▶ economic development 経済発展

0826
promotion
[prəmóuʃən] プロモウション

名 昇進（しょうしん），宣伝
▶ get a promotion 昇進する

0827
recommendation
[rekəmәndéiʃən] レコメンデイション

名 推薦（すいせん），推薦状
▶ on the recommendation of my boss
上司の推薦で

0828
sample
[sǽmpl] サンプル

名 見本，サンプル
▶ a color sample 色見本

0829 発音 アクセント
relative
[rélətiv] レラティヴ

名 親類，身内
形 相対的な，比較上（ひかくじょう）の
▶ a distant relative of hers
彼女の遠い親戚（しんせき）

副詞の relatively
「比較的に」もよく
出るよ。

0830
rate
[reit] レイト

名 速度，割合
動 ～を評価する
▶ at a rate of 37 miles per hour
毎時 37 マイルの速度で

0831 発音
jewelry
[dʒú:əlri] デューエルリィ

名 宝石類
▶ a jewelry box 宝石箱

0832
assistant
[əsístənt] アスィスタント

名 助手，アシスタント
▶ hire an assistant 助手を雇（やと）う

『5分間テストブック』を解いてみよう！ ➡ 別冊 p.55

■0833
screen
[skriːn] スクリーン
名 **画面，** スクリーン
▶ a monitor screen　モニター画面

■0834
banking
[bǽŋkiŋ] バンキング
名 **銀行業，** 銀行業務
▶ a banking system　銀行制度

■0835　発音
label
[léibəl] レイベル
名 **ラベル，** 札
動 ～に札をつける
▶ attach a label to the bottle　びんにラベルをはる

■0836
vegetarian
[vedʒətéəriən] ヴェヂテ(ア)リアン
名 **ベジタリアン，** 菜食主義者
▶ a strict vegetarian　厳格なベジタリアン

■0837
counter
[káuntər] カウンタァ
名 **カウンター**
▶ a check-in counter　チェックインカウンター

■0838　発音　アクセント
orchestra
[ɔ́ːrkistrə] オーキストゥラ
名 **オーケストラ**
▶ a member of an orchestra　オーケストラの一員

■0839
steel
[stiːl] スティール
名 **鋼鉄**
▶ a chair made of steel　鋼鉄製の椅子(いす)

■0840
error
[érər] エラァ
名 **誤り，** 間違(まちが)い
▶ commit a grave error　重大な誤りを犯す

■0841

mess

[mes] メス

名 **取り散らかしたもの，** 混乱

▶ clean up the mess　取り散らかしたものを片づける

■0842

civilization

[sivələzéiʃən] スィヴィリゼイション

名 **文明，** 文明化

▶ modern civilization　近代文明

■0843

ray

[rei] レイ

名 **光線**

▶ a ray of sunlight　太陽光線

X-ray「エックス線，レントゲン写真」でも ray は使われるね。

■0844

chess

[tʃes] チェス

名 **チェス**

▶ play chess　チェスをする

■0845

amusement

[əmjú:zmənt] アミューズメント

名 **娯楽（ごらく），** 楽しみ

▶ just for my amusement　ただ娯楽のために

■0846

envelope

[énvəloup] エンヴェロウプ

名 **封筒（ふうとう）**

▶ seal an envelope　封筒に封をする

■0847

loan

[loun] ロウン

名 **ローン，** 借金

動 （金）を貸す

▶ apply for a loan　ローンを申（もう）し込（こ）む

■0848 ▼アクセント

historian

[histɔ́:riən] ヒストーリアン

名 **歴史学者**

▶ an art historian　美術史家

『5分間テストブック』を解いてみよう！ ➜ 別冊 p.56

0849
database
[déitəbeis] デイタベイス

名 データベース
▶ an online database　オンラインデータベース

0850
coal
[koul] コウル

名 石炭
▶ use coal for cooking　調理に石炭を使う

0851
fingerprint
[fíŋgərprint] フィンガプリント

名 指紋（しもん）
▶ leave her fingerprints　彼女（かのじょ）の指紋を残す

0852　発音
aluminum
[əlú:mənəm] アルーミナム

名 アルミニウム
▶ aluminum foil　アルミホイル

0853
influenza
[influénzə] インフルエンザ

名 インフルエンザ
▶ catch influenza　インフルエンザにかかる

0854
affection
[əfékʃən] アフェクション

名 愛情，愛着
▶ feel deep affection for each other
おたがいに深い愛情を抱（いだ）く

0855
budget
[bʌ́dʒit] バヂト

名 予算，経費
▶ a budget committee
予算委員会

予算が「多い」は large，「少ない」は small を使って表すよ。

0856
edge
[edʒ] エッヂ

名 縁（ふち），(刃物（はもの）の)刃
動 ～を縁取る
▶ the edge of a cup　カップの縁

0857
wheel
[*h*wi:l] (フ)ウィール

名 **車輪**
▶ front wheels 前輪

0858
rival
[ráivəl] ライヴァル

名 **競争相手，** ライバル
▶ a business rival 商売上の競争相手

0859
quantity
[kwántəti] クワンティティ

名 **量**
▶ quality and quantity 質と量

0860 発音
disadvantage
[disədvǽntidʒ] ディサドゥヴァンティヂ

名 **不利な立場，** 不利(な点)
▶ be at a disadvantage 不利な立場にある

0861
frame
[freim] フレイム

名 **額縁（がくぶち），** 骨組み
▶ a picture frame 絵の額縁

0862
definition
[defəníʃən] デフィニション

名 **定義**
▶ the exact definition of the word
その単語の正確な定義

0863
accuracy
[ǽkjurəsi] アキュラスィ

名 **正確さ，** 精度
▶ the accuracy of data
データの正確さ

形容詞は accurate
「正確な」だよ。

0864 発音
storage
[stɔ́:ridʒ] ストーリヂ

名 **貯蔵，** 保管
▶ a storage house 貯蔵庫

『5分間テストブック』を解いてみよう！ ➡ 別冊 p.57

0865
eyesight
[áisait] アイサイト

名 **視力**
▶ have good eyesight 視力がよい

0866
luggage
[lʌ́gidʒ] ラギヂ

名 **手荷物,** 旅行用スーツケース
▶ two pieces of luggage 手荷物2つ

0867
fiction
[fíkʃən] フィクション

名 **フィクション,** 作り話
▶ a work of fiction フィクションの作品

0868
path
[pæθ] パス

名 **小道,** 進路
▶ a winding path 曲がりくねった小道

0869
border
[bɔ́:rdər] ボーダァ

名 **国境,** 境界線
動 〜と境をなす, 〜と国境を接する
▶ close the border 国境を封鎖(ふうさ)する

0870
property
[prápərti] プラパティ

名 **財産,** 特性
▶ national property 国有財産

0871
documentary
[dɑkjuméntəri] ダキュメンタリィ

名 **ドキュメンタリー(番組・映画),** 実録
形 実録の
▶ shoot a documentary ドキュメンタリーを撮(と)る

0872
status
[stéitəs] ステイタス

名 **地位,** 身分
▶ a person of high social status 社会的地位の高い人

a status symbol
「ステータスシンボル」とは「社会的地位や身分を象徴(しょうちょう)するもの」という意味だよ。

■0873 発音

laundry

[lɔ́:ndri] ローンドゥリィ

名 洗濯(物)（せんたくもの）, クリーニング店

▶ do the laundry　洗濯をする

■0874

illustration

[iləstréiʃən] イラストゥレイション

名 挿絵（さしえ）, 説明画

▶ a book with a lot of illustrations　挿絵の多い本

■0875

joy

[dʒɔi] ヂョイ

名 喜び, うれしさ

▶ cry for joy　喜びのあまり泣く

■0876

critic

[krítik] クリティク

名 批評家

▶ a literary critic　文芸批評家

「～を批評する」はcriticize だね。

■0877

unit

[jú:nit] ユーニト

名 単位, ユニット

▶ a unit of time　時間の単位

■0878

physical

[fízikəl] フィズィカル

形 身体の, 物質的な

▶ get a physical examination　身体検査を受ける

■0879 発音

unique

[ju:ní:k] ユーニーク

形 独特の, 唯一（ゆいいつ）の

▶ have a unique personality　独特の個性がある

■0880

actual

[ǽktʃuəl] アクチュアル

形 実際の, 本当の

▶ the actual size　実際のサイズ

『5分間テストブック』を解いてみよう！ ➡ 別冊 p.58

■0881

urban

[ə́ːrbən] アーバン

形 都会の

▶ get used to urban life
都会の生活に慣れる

反意語は rural「田舎の」だよ。

■0882

financial

[finǽnʃəl] フィナンシャル

形 財政の，財政上の

▶ financial crisis 財政危機

■0883

violent

[váiələnt] ヴァイオレント

形 暴力的な，乱暴な

▶ turn violent 暴力的になる

■0884

tiny

[táini] タイニィ

形 とても小さな，わずかな

▶ tiny objects とても小さな物体

■0885

accurate

[ǽkjurət] アキュレト

形 正確な

▶ accurate data 正確なデータ

■0886 アクセント

artificial

[ɑːrtəfíʃəl] アーティフィシャル

形 人工の，不自然な

▶ artificial intelligence 人工知能

■0887

scientific

[saiəntífik] サイエンティフィク

形 科学の

▶ scientific research 科学研究

■0888

crowded

[kráudid] クラウディド

形 混み合った

▶ be crowded with people 人で混み合っている

0889 発音

double

[dʌ́bl] ダブル

形 **二重の，** 2倍の

▶ a double window　二重窓

0890

general

[dʒénərəl] ヂェネラル

形 **一般的(いっぱんてき)な，** 全体の

▶ in general use　一般的に使われて

0891

complicated

[kɑ́mpləkeitid] カンプリケイティド

形 **複雑な，** ややこしい

▶ a complicated task　複雑な課題

0892 アクセント

frequent

[frí:kwənt] フリークウェント

形 **頻繁(ひんぱん)な**

▶ a frequent visitor to New York　ニューヨークへの頻繁な訪問者

副詞の frequently「頻繁に」もよく出るよ。

0893

personal

[pə́:rsənəl] パーソナル

形 **個人の**

▶ a personal opinion　個人の見解

0894 発音

casual

[kǽʒuəl] キャジュアル

形 **（衣服が）カジュアルな，** 略式の

▶ casual clothes　カジュアルな服装

0895 発音

either

[í:ðər] イーザァ

形 **どちらの～でも，**（2つのうち）どちらかの

副（否定文で）～もまた（…ない）　代 どちらか，どちらでも

▶ Either way is OK.　どちらの方法でもいいです。

0896

exact

[igzǽkt] イグザクト

形 **正確な**

▶ the exact time　正確な時間

『5分間テストブック』を解いてみよう！ ➡ 別冊 p.59

■0897 ▼アクセント

historic

[histɔ́:rik] ヒストーリク

形 歴史的な，歴史上重要な

▶ a historic moment
歴史的瞬間

historical「歴史に関する，歴史の」と区別して使おう。

■0898

rural

[rúərəl] ル(ア)ラル

形 田舎の

▶ an advantage of rural life　田舎の生活の利点

■0899

brilliant

[bríljənt] ブリリャント

形 立派な

▶ a brilliant achievement　立派な業績

■0900

evil

[í:vəl] イーヴル

形 悪い

▶ an evil character　悪役

■0901

enormous

[inɔ́:rməs] イノーマス

形 ばく大な，巨大な

▶ enormous costs　ばく大な費用

■0902

generous

[dʒénərəs] ヂェネラス

形 気前のよい，寛大な

▶ a very generous man　とても気前のよい人

■0903 ▼アクセント

overall

[ouvərɔ́:l] オウヴァロール

形 全体的な，全般的な

▶ the overall schedule of the day
その日の全体的なスケジュール

■0904

scary

[skéəri] スケアリィ

形 怖い，恐ろしい

▶ a scary movie　怖い映画

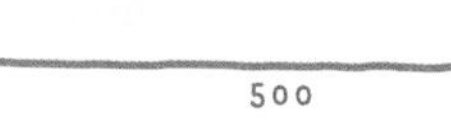

■0905
royal
[rɔ́iəl] ロイ(ア)ル

形 **王室の,** 国王[女王]の
▶ a royal wedding　王室の結婚式

■0906
mysterious
[mistíəriəs] ミスティ(ア)リアス

形 **神秘的な,** 秘密の
▶ the mysterious universe　神秘的な宇宙

■0907
specific
[spəsífik] スペスィフィク

形 **具体的な,** 特定の
▶ have a specific aim in life
人生の具体的な目標をもつ

■0908
religious
[rilídʒəs] リリヂャス

形 **宗教の,** 信心深い
▶ listen to religious music
宗教音楽を聴く

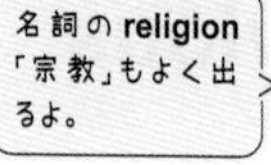

■0909
incorrect
[inkərékt] インコレクト

形 **間違った**
▶ an incorrect answer　間違った答え

■0910
newborn
[njúːbɔːrn] ニューボーン

形 **生まれたばかりの**
▶ a newborn baby　生まれたばかりの赤ん坊

■0911
guilty
[gílti] ギルティ

形 **罪悪感のある,** 有罪の
▶ feel guilty about doing nothing
何もしないことに罪悪感をおぼえる

■0912
potential
[pəténʃəl] ポテンシャル

形 **潜在的な**
名 潜在(能)力, 可能性
▶ a potential problem　潜在的な問題

『5分間テストブック』を解いてみよう！　➡ 別冊 p.60

■0913
classical
[klǽsikəl] クラスィカル

形 古典的な，古典主義の
▶ classical literature 古典文学

classical music は「クラシック音楽」だね。

■0914
extinct
[ikstíŋkt] イクスティンクト

形 絶滅(ぜつめつ)した，廃止(はいし)された
▶ an extinct species 絶滅した種(しゅ)

■0915
reasonable
[ríːzənəbl] リーズナブル

形 (値段が)手ごろな，道理をわきまえた
▶ at a reasonable price 手ごろな価格で

■0916 発音
obvious
[ábviəs] アブヴィアス

形 明らかな
▶ make an obvious error 明らかな間違(まちが)いをする

■0917
formal
[fɔ́ːrməl] フォーマル

形 正式の，(服装が)正装の
▶ make a formal offer 正式な申し出を行う

■0918 アクセント
opposite
[ápəzit] アポズィト

形 反対の，逆の
名 (the をつけて)反対のもの 前 ～の向かい側に
▶ the opposite side 反対側

■0919
contrary
[kántreri] カントゥレリィ

形 反対の
▶ contrary opinions 反対の意見

■0920
capable
[kéipəbl] ケイパブル

形 有能な，(be capable of ～で)～ができる
▶ a capable doctor 有能な医師

0921
previous
[príːviəs] プリーヴィアス

形 **先の，** 以前の
▶ a previous appointment　先約

0922　発音
rough
[rʌf] ラフ

形 **大まかな，** 粗(あら)い，乱暴な
▶ a rough estimate　大まかな見積もり

0923
historical
[histɔ́ːrikəl] ヒストーリカル

形 **歴史に関する，** 歴史の
▶ a historical novel　歴史小説

0924　発音
appropriate
[əpróupriit] アプロウプリイト

形 **適切な**
▶ take appropriate action　適切な行動をとる

0925
independent
[indipéndənt] インディペンデント

形 **独立した**
▶ an independent nation　独立国

ここでの接頭辞in-は否定の意味を表すよ。

0926
spare
[speər] スペア

形 **予備の，** 余分の
▶ spare parts　予備の部品

0927
farther
[fáːrðər] ファーザァ

形 **(2つのうちの)遠い方の，** もっと遠い
副 もっと遠くに
▶ the farther shore　向こう岸

0928
simply
[símpli] スィンプリィ

副 **簡単に，** 単に
▶ explain simply　簡単に説明する

『5分間テストブック』を解いてみよう！　➡ 別冊 p.61

よく出る単語　形容詞・副詞

59 よく出る単語 副詞②

🎧 0929～0944

■0929
currently
[kə́:rəntli] カーレントゥリィ

副 現在
▶ Currently, he is studying abroad.
現在，彼は留学中だ。

■0930 発音
perhaps
[pərhǽps] パハップス

副 たぶん，もしかすると
▶ Perhaps she is angry. たぶん彼女は怒っている。

■0931
increasingly
[inkrí:siŋli] インクリースィングリィ

副 ますます
▶ an increasingly complex world
ますます複雑化する世界

■0932
definitely
[défənitli] デフィニトゥリィ

副 間違いなく
▶ This book is definitely useful to students.
この本は間違いなく生徒に有益だ。

■0933
traditionally
[trədíʃənəli] トゥラディシ(ョ)ナリィ

副 伝統的に
▶ Traditionally, they eat turkey.
伝統的に，彼らは七面鳥を食べる。

■0934
freely
[frí:li] フリーリィ

副 自由に
▶ Let's talk freely. 自由に話そう。

■0935
besides
[bisáidz] ビサイヅ

副 その上
前 ～に加えて
▶ It's too late to go out. Besides, I'm tired.
外出するには遅過ぎる。その上，私は疲れている。

■0936
anywhere
[énihweər] エニ(フ)ウェア

副 どこででも
▶ I can sleep anywhere.
私はどこででも眠ることができる。

□0937

hardly

[há:rdli] ハードゥリィ

副 ほとんど〜ない

▶ I can hardly hear you.

私にはきみの言うことがほとんど聞こえない。

notを使わずに「〜ない」という意味を表すよ。

□0938 発音

closely

[klóusli] クロウスリィ

副 綿密に，密接に

▶ closely examine the weight

綿密に重さを調査する

□0939

fairly

[féərli] フェアリィ

副 かなり，公正に

▶ a fairly difficult question　かなり難しい問題

□0940

occasionally

[əkéiʒənəli] オケイジ(ョ)ナリィ

副 時おり

▶ cook occasionally　時おり料理をする

□0941

politely

[pəláitli] ポライトゥリィ

副 礼儀正しく

▶ greet customers politely　客に礼儀正しく挨拶する

□0942

otherwise

[ʌ́ðərwaiz] アザワイズ

副 (接続詞的に)そうでなければ

▶ Hurry up, otherwise you'll miss the bus.

急ぎなさい，そうでなければバスに乗り遅れるよ。

□0943

equally

[í:kwəli] イークウォリィ

副 等しく，同程度に

▶ divide the pizza equally

ピザを等しく分ける

□0944

differently

[dífərəntli] ディフ(ェ)レントゥリィ

副 異なって，それとは違って

▶ think differently from others

ほかの人とは異なる考え方をする

『5分間テストブック』を解いてみよう！ ➜ 別冊 p.62

60 よく出る単語 副詞③・前置詞・接続詞

■0945

overtime

[óuvə*r*taim] オウヴァタイム

副 時間外に
形 時間外労働の　名 時間外(労働)
▶ work overtime　時間外に働く

■0946

naturally

[nǽtʃərəli] ナチ(ュ)ラリィ

副 生まれつき，自然に
▶ a naturally gifted artist
生まれつき才能のある芸術家

■0947

healthily

[hélθili] ヘルスィリィ

副 健康的に
▶ grow healthily　健康的に育つ

■0948

commonly

[kámənli] カモンリィ

副 一般に，通例
▶ be commonly known　一般に知られている

■0949　▼アクセント

overnight

[ouvə*r*náit] オウヴァナイト

副 一晩中，夜通し
形 夜通しの [óuvə*r*nait]
▶ stay awake overnight　一晩中起きている

■0950

separately

[sépərətli] セパレトゥリィ

副 別々に，離れて
▶ live separately　別々に住む

■0951

possibly

[pásəbli] パスィブリィ

副 たぶん，もしかすると
▶ She is possibly over 50.
彼女はたぶん 50 歳を超えている。

■0952

altogether

[ɔ:ltəgéðə*r*] オールトゥゲザァ

副 全部で
▶ It comes to 10,000 yen altogether.
全部で 10,000 円になる。

0　500　1000　1380

0953
heavily
[hévili] ヘヴィリィ

副 (雨などが)激しく
▶ It's raining heavily.　雨が激しく降っている。

0954　発音
neither
[ní:ðər] ニーザァ

副 (neither ～ nor ... で)～でも…でもない
代 どちらも～ない
▶ Neither you nor I am wrong.
あなたも私もどちらも悪くない。

Neither A nor B が主語になるとき，ふつう動詞は B に一致させるよ。

0955
terribly
[térəbli] テリブリィ

副 ひどく，とても
▶ I am terribly tired.　私はひどく疲れている。

0956
plus
[plʌs] プラス

前 ～を加えて，～に加えて
▶ Three plus four is seven.　3たす4は7です。

0957
though
[ðou] ゾウ

接 ～だけれども，もっとも～ではあるが
▶ I'm healthy though I'm old.
私は年とってはいるけれども，健康だ。

0958
while
[*h*wail] (フ)ワイル

接 ～している間に，～の一方で
▶ She was watching TV while I was doing the dishes.
私が食器を洗っている間，彼女はテレビを見ていた。

0959
once
[wʌns] ワンス

接 いったん～すると
▶ Once you erase the data, you cannot restore it.
いったんデータを消去すると，復元することはできません。

0960
whether
[*h*wéðər] (フ)ウェザァ

接 ～かどうか，～であろうとなかろうと
▶ No one knows whether he'll come or not.
彼が来るかどうかだれにも分からない。

『5分間テストブック』を解いてみよう！ ➡ 別冊 p.63

✦英検TIPS!

どんな問題？　筆記試験

英検の一次試験は，筆記試験とリスニングテストの構成だよ。今回は筆記試験の大まかな流れを確認しよう。

とてもよく出る
熟語210

英検では熟語の問題もよく出るよ！
この章では英検で
何度も出てきた熟語を学習するよ！

とてもよく出る熟語

動詞の働きをする熟語①

0961

allow ～ to *do*

～が…するのを許す，(主語によって)～が…できる

▶ My father **allowed** me **to go** to the concert alone.
父は私が1人でコンサートに行くのを許した。

0962

be based on ～

～に基づいている

▶ This novel **is based on** his real experiences.
この小説は彼(かれ)の実体験に基づいている。

Based on ～,「～に基づけば」という形でもよく出るよ。

0963

lead to ～

～につながる，～に(必然的に)発展する

▶ This way **leads to** the station.
この道は駅につながっている。

0964

come up with ～

～を思いつく

▶ I **came up with** a great idea.
私はすばらしいアイデアを思いついた。

0965

prevent ～ from *doing*

～が…するのを防ぐ

▶ The police **prevented** the man **from leaving**.
警察は男が立ち去るのを防いだ。

0966

work on ～

～に取り組む

▶ Recently, she has been **working on** writing a novel.
最近，彼女(かのじょ)は小説を書くことにずっと取り組んでいる。

0967

set up ～

～を設置する，～を設定する

▶ The town **set up** signs prohibiting smoking.
町は喫煙禁止(きつえんきんし)の看板を設置した。

■0968

sign up for ～

～に加入する，～に登録する

▶ I **signed up for** the tennis club.
私はそのテニスクラブに加入した。

■0969

apply for ～

～を申し込む

▶ She **applied for** a college scholarship.
彼女は大学の奨学金を申し込んだ。

apply for a job だと「仕事に応募する」の意味を表すよ。

■0970

rely on ～ for ...

…を～に頼る

▶ I **rely on** my parents **for** my school expenses.
私は学費を両親に頼っている。

■0971

suffer from ～

(病気など)を患う，～に苦しむ

▶ She is **suffering from** cancer.
彼女はがんを患っている。

■0972

turn ～ into ...

～を…に変える

▶ This device **turns** garbage **into** rich soil.
この装置は生ごみを肥沃な土に変える。

■0973

be likely to *do*

～しそうである

▶ It **is likely to snow** in the afternoon.
午後は雪が降りそうだ。

■0974

get to *do*

～するようになる

▶ I **got to know** her when I was in high school.
高校生の頃，私は彼女を知るようになった。

『5分間テストブック』を解いてみよう！

➡ 別冊 p.64

動詞の働きをする熟語②

0975

carry out ～

～を実行する

▶ We need to **carry out** this plan.
私たちはこの計画を実行する必要がある。

0976

deal with ～

(問題)を処理[解決]する，(人・会社)と取引する

▶ We **deal with** customer complaints.
私たちは顧客からのクレームを処理している。

0977

break down

故障する，～を壊す

▶ I was in trouble because my car **broke down**.
車が故障したので，私は困ってしまった。

0978

check in

搭乗手続きをする，宿泊手続きをする

▶ I **checked in** at the airport.
私は空港で搭乗手続きをした。

0979

come out

(真実などが)明らかになる，発売される

▶ I believe the truth will soon **come out**.
私は真実がすぐに明らかになると思う。

0980

do away with ～

～を廃止する，～を取り除く

▶ The country **did away with** the death penalty.
その国は死刑制度を廃止した。

1語で表すと abolish だね。

0981

encourage ～ to *do*

～に…するよう促す[励ます]

▶ My parents **encouraged** me **to travel** abroad.
両親は私に海外へ旅行するよう促した。

0　500　1000　1380

0982
get rid of ～
～を取り除く

▶ They **got rid of** some old chairs.
彼らはいくつかの古い椅子を取り除いた。

0983
result in ～
(結果的に)～をもたらす

▶ Improvements in the work environment will **result in** better performance.
労働環境の改善はよりよい業績をもたらすだろう。

0984
attach ～ to ...
～を…につける

▶ He **attached** a file **to** the e-mail.
彼はファイルをメールに添付した。

0985
be capable of *doing*
～することができる，
～する能力がある

▶ The writer **was capable of writing** a novel in one night.
その作家は一晩で小説を書くことができた。

0986
be related to ～
～と関連している

▶ This disease **is related to** regular smoking.
この病気は習慣的な喫煙と関連している。

0987
consist of ～
～から成る

▶ The committee **consists of** 13 members.
委員会は 13 人のメンバーから成る。

類似表現の
be made up of ～
も一緒におぼえよう。

0988
get along with ～
～とうまくやっていく

▶ Are you **getting along with** your classmates?
クラスメートとうまくやっていますか。

『5分間テストブック』を解いてみよう！ ➜ 別冊 p.65

動詞の働きをする熟語③

0989

hand in ～

～を提出する，～を手渡す

▶ **Hand in** your report by Friday.
金曜日までに報告書を提出しなさい。

0990

provide ～ with ...

～に…を提供する

▶ The group **provided** victims **with** food and water.
その団体は被害者に食べ物と水を提供した。

0991

refer to ～

～を参照する

▶ Please **refer to** page 11.
11 ページを参照してください。

0992

run out of ～

～を使い果たす

▶ We have **run out of** fuel.
私たちは燃料を使い果たしてしまった。

0993

tend to *do*

～しがちである

▶ Beginners **tend to make** this kind of mistake.
初心者はこの種の間違いをしがちだ。

0994

turn in ～

～を提出する

hand in ～も「～を提出する」の意味を表すね。

▶ Have you **turned in** your report yet?
もう報告書を提出しましたか。

0995

turn out to be ～

～だとわかる

▶ It **turned out to be** a real diamond.
それは本物のダイヤモンドだとわかった。

■0996

work out

うまくいく，運動する

▶ I don't think this plan will **work out**.
私はこの計画がうまくいくとは思わない。

■0997

look over ～

～に目を通す，～を(ざっと)調べる

▶ Please **look over** this document by three.
3時までにこの書類に目を通してください。

look through ～「(書類・メモなど)にざっと目を通す」も一緒におぼえよう。

■0998

take over ～

(職・責任など)を引き継ぐ

▶ Tom resigned and Emma **took over** his position.
トムが辞めてエマが彼の職を引き継いだ。

■0999

live on ～

～(の額)の収入で生活する

▶ He **lives on** 150,000 yen a month.
彼は月 15 万円の収入で生活している。

■1000

be about to *do*

(今にも)～しようとしている

▶ That bird **is about to fly**.
あの鳥は今にも飛ぼうとしている。

■1001

be aware of ～

～に気づいている

▶ Many people **are aware of** the problem of global warming.
多くの人が地球温暖化の問題に気づいている。

■1002

be concerned about ～

～を心配している

▶ I **am concerned about** my grandfather's health.
私は祖父の健康を心配している。

 『5分間テストブック』を解いてみよう！ 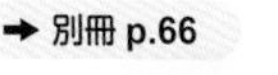
➔ 別冊 p.66

1003

be involved in ～

～に関わっている，～に熱中している

▶ They **are involved in** that political movement.
彼(かれ)らはその政治運動に関わっている。

1004

bring back ～

～を返す，～を持って帰る

▶ Please **bring back** three books to the library.
図書館に３冊の本を返してください。

1005

bring in ～

～をもたらす，～を取り入れる

▶ The movie **brought in** a lot of money.
その映画は大金をもたらした。

1006

come across ～

～を偶然(ぐうぜん)見つける

▶ I **came across** this letter in the drawer.
私は引き出しの中でこの手紙を偶然見つけた。

1007

count on ～

～を頼(たよ)りにする

▶ You can **count on** me anytime.
いつだって私を頼りにしていいよ。

類似表現の depend on ～も一緒(いっしょ)におぼえよう。

1008

end up *doing*

最後には～することになる

▶ She **ended up quitting** her job.
彼女(かのじょ)は最後には仕事を辞めることになった。

1009

log in to ～

～にログインする

▶ Please **log in to** your account.
あなたのアカウントにログインしてください。

■1010

fill out ～

(書類)に記入する

▶ Please **fill out** that form and submit it here.
その書類に記入してこちらへ提出してください。

■1011

keep *one's* word

約束を守る

▶ She is a person who **keeps her word**.
彼女は約束を守る人だ。

■1012

keep up with ～

～に遅(おく)れずについていく

▶ It is exhausting to **keep up with** trends.
流行に遅れずについていくのは疲(つか)れる。

■1013

look through ～

(書類・メモなど)にざっと目を通す

▶ I **looked through** the notes he had written.
私は彼が書いたメモにざっと目を通した。

■1014

look up to ～

～を尊敬する

1語で表すと respect だね。

▶ I **look up to** her for her courage.
私は彼女をその勇敢(ゆうかん)さゆえに尊敬している。

■1015

make up for ～

～の埋(う)め合(あ)わせをする

▶ The company **made up for** the loss.
会社はその損失の埋め合わせをした。

■1016

manage to *do*

何とかして～する

▶ People **managed to survive** the crisis.
人々は何とかしてその危機を乗り切った。

『5分間テストブック』を解いてみよう！ ➡ 別冊 p.67

1017

point out ～

～を指摘(してき)する

▶ The professor **pointed out** errors in the data.
教授はデータの誤りを指摘した。

1018

run into ～

～に偶然(ぐうぜん)出会う

▶ I **ran into** my aunt in front of the station.
私は駅前でおばに偶然出会った。

1019

stare at ～

～をじっと見つめる

▶ It is rude to **stare at** people.
人をじっと見つめるのは失礼だ。

1020

stop by

ちょっと立ち寄る

▶ I'll **stop by** on my way home.
帰宅途中(きたくとちゅう)にちょっと立ち寄るよ。

1021

take away ～

～を持ち[運び]去る

▶ Don't **take away** garbage without permission.
無断でごみを持ち去ってはいけない。

1022

check out

(ホテルなどで)チェックアウトする

▶ I **checked out** of the hotel at ten.
私は10時にホテルをチェックアウトした。

「～をチェックアウトする」は **check out of [from]** ～と表すよ。

1023

cope with ～

(難局・問題など)をうまく処理する

▶ I want to learn how to **cope with** stress.
私はストレスをうまく処理する方法を学びたい。

0　500　1000　1380

1024
take after ～
(親など)に似ている

▶ He **takes after** his father.
彼(かれ)は父親に似ている。

家族の年長者と見た目や性格が似ていることを表すよ。

1025
cause ～ to *do*
～を…させる(原因となる)

▶ Curiosity **caused** the boy **to go** into the woods.
好奇心(こうきしん)が少年を森に入らせた。

1026
stop ～ from *doing*
～が…するのをやめさせる

▶ The guard **stopped** the man **from taking** pictures.
警備員はその男が写真を撮(と)るのをやめさせた。

1027
be responsible for ～
～の責任がある

▶ He **is responsible for** that failure.
彼にはその失敗の責任がある。

1028
be satisfied with ～
～に満足している

▶ We **are satisfied with** the success of that event.
私たちはそのイベントの成功に満足している。

1029
concentrate on ～
～に集中する

▶ I cannot **concentrate on** my studies because of the noise.
騒音(そうおん)のせいで私は勉強に集中することができない。

1030
cut down on ～
～を減らす

▶ The doctor told my father to **cut down on** sugar.
医者は父に糖分を減らすように言った。

『5分間テストブック』を解いてみよう！ ➡ 別冊 p.68

■1031

die out

死滅（しめつ）する，完全に消える

▶ Dinosaurs **died out** tens of millions of years ago.
恐竜（きょうりゅう）は数千万年前に死滅した。

■1032

drop in

立ち寄る

▶ Just **drop in** when you come this way.
こっちに来たときはちょっと立ち寄ってね。

drop in at the shop「その店に立ち寄る」のようにat ～で場所を表せるよ。

■1033

figure out ～

～がわかる，～を理解する

▶ I **figured out** how to open this box.
私はこの箱の開け方がわかった。

■1034

get over ～

～から回復する，
～から立ち直る

▶ My father **got over** the flu.
父はインフルエンザから回復した。

■1035

go with ～

～と合う，～と調和する

▶ This jacket **goes with** my blue pants.
このジャケットは私の青いズボンと合う。

■1036

look up ～

（単語など）を調べる

▶ **Look up** these new words in the dictionary.
これらの新しい単語を辞書で調べなさい。

■1037

persuade ～ to *do*

～を…するように説得する

▶ I **persuaded** her **to accept** his apology.
私は彼（かれ）の謝罪を受け入れるように彼女（かのじょ）を説得した。

1038
stand for ～
(略字などが)～を表す，～を我慢する

▶ "IT" **stands for** Information Technology.
ITはInformation Technologyを表す。

1039
stick to ～
(約束など)を守る，～をやり通す

▶ We must **stick to** this strict rule.
私たちはこの厳格な規定を守らなければならない。

1040
take ～ for granted
～を当然のことと考える

▶ He **took** her help **for granted**.
彼は彼女の支援を当然のことと考えていた。

1041
find a way to *do*
～する方法を見つける

▶ We could not **find a way to solve** this problem.
私たちはこの問題を解決する方法を見つけられなかった。

1042
sell out
売り切れる，～を売りつくす

be sold out で「完売である」という意味になるよ。

▶ The tickets **sell out** quickly.
そのチケットはすぐに売り切れる。

1043
account for ～
～(の理由)を説明する，～の原因となる，～を占める

▶ Would you **account for** the delay?
遅延の理由を説明していただけますか。

1044
be anxious about ～
～のことを心配している

▶ Her parents **are anxious about** her life abroad.
彼女の両親は海外での彼女の生活のことを心配している。

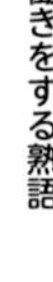

『5分間テストブック』を解いてみよう！ ➡ 別冊 p.69

1045

care for ～

～の世話をする，～を好む

▶ He **cares for** his elderly mother.
彼（かれ）は高齢（こうれい）の母親の世話をしている。

1046

carry on ～

～を続ける

▶ They decided to **carry on** their family business.
彼らは家業を続けることに決めた。

1047

enable ～ to *do*

～が…するのを可能にする，(主語によって)～は…できる

▶ Computers **enable** us **to do** lots of calculations quickly.
コンピューターは私たちが大量の計算を素早くこなすのを可能にする。

1048

go through ～

～を経験する

▶ The people in that area **went through** a terrible disaster.
その地域の人々はひどい災害を経験した。

1049

keep off ～

～に近寄らない，～を避（さ）ける

▶ **Keep off** the beach at night.
夜間は浜辺（はまべ）に近寄らないで。

1050

lay off ～

～を解雇（かいこ）する

▶ The factory **laid off** several hundred employees.
工場は数百人の従業員を解雇した。

1051

make sense

道理にかなう，意味が通じる

▶ What you are saying does not **make sense**.
あなたの言っていることは道理にかなっていない。

0 500 1000 1380

1052

make use of ～

～を利用[活用]する

▶ Please **make use of** this opportunity.
この機会をご利用ください。

店内アナウンスの問題などでよく出る表現だよ。

1053

pick out ～

～を選び出す

▶ Let's **pick out** the best of several suggestions.
いくつかの提案から最良のものを選び出そう。

1054

settle down

落ち着く，定住する

▶ She told her son to **settle down**.
彼女(かのじょ)は息子に落ち着くように言った。

1055

speak up

もっと大きな声で話す，はっきりと意見を述べる

▶ Can you **speak up**?
もっと大きな声で話してくれませんか。

1056

take advantage of ～

(機会・状況(じょうきょう)など)を利用する

▶ Please **take advantage of** your chance to win a gift!
プレゼント獲得(かくとく)のチャンスをご利用ください！

類似表現の **make use of** ～も一緒(いっしょ)におぼえよう。

1057

agree to *do*

～することに同意する

▶ I **agreed to go** on a trip with my family.
私は家族で旅行に行くことに同意した。

1058

prefer to *do*

～する方をより好む

▶ I **prefer to relax** at home on Sundays.
日曜日は家でゆっくりする方がいい。

『5分間テストブック』を解いてみよう！ ➡ 別冊 p.70

68 とてもよく出る熟語 動詞の働きをする熟語⑧

■1059

specialize in ～

～を専門に扱う，～を専攻する

▶ This store **specializes in** old furniture.
この店は古い家具を専門に扱っている。

■1060

use up ～

～を使い果たす

▶ I have **used up** all the salt.
私は塩を全部使い果たしてしまった。

■1061

be said to be ～

～だと言われている

▶ Green tea **is said to be** good for your health.
緑茶は健康によいと言われている。

■1062

get used to ～

～に慣れる

▶ I have **gotten used to** my new home.
私は新しい住まいに慣れた。

used to ～「よく～したものだ」と混同しないように注意しよう。

■1063

take notes

メモを取る

▶ My task is to **take notes** during the meeting.
私の仕事は会議中にメモを取ることだ。

■1064

accuse ～ of ...

～を…のことで非難[告訴]する

▶ She **accused** him **of** breaking her smartphone.
彼女は彼を彼女のスマートフォンを壊したことで非難した。

■1065

amount to ～

総計で～に達する

▶ The number of participants in the event **amounted to** 50,000.
イベントの参加人数は総計で５万人に達した。

1066

be familiar with ～

～に精通している

▶ The professor **was familiar with** African languages.
教授はアフリカの言語に精通していた。

1067

be made up of ～

～で成り立っている

▶ The organization **is made up of** different ethnic groups.
その組織はさまざまな民族集団で成り立っている。

1068

be reluctant to *do*

～することに気が進まない

▶ I **was reluctant to tell** her the truth.
私は彼女に真実を伝えることに気が進まなかった。

1069

be sick of ～

～にうんざりしている

▶ I **am sick of** your complaints.
私はあなたの愚痴（ぐち）にうんざりしている。

同様の意味を表す **be fed up with ～** もおぼえておこう。

1070

be typical of ～

～に典型的である

▶ This architecture **is typical of** the era.
この建築はその時代に典型的である。

1071

be willing to *do*

進んで～する

▶ He **is** always **willing to help** others.
彼はいつでも進んで他人の手助けをする。

1072

break into ～

～へ（不法に）押（お）し入（い）る

▶ The robbers **broke into** the bank at midnight.
強盗（ごうとう）は真夜中に銀行へ押し入った。

『5分間テストブック』を解いてみよう！ ➡ 別冊 p.71

□1073

break out

(災害・戦争などが)勃発(ぼっぱつ)する

▶ War **broke out** between the two countries.
2国間で戦争が勃発した。

□1074

bring about ～

(結果など)を招く，
～を引き起こす

▶ Bad weather **brought about** famine.
悪天候が飢饉(ききん)を招いた。

□1075

bring down ～

～を下げる

▶ Are there any ways to **bring down** the unemployment rate?
失業率を下げる方法は何かありますか。

□1076

bring up ～

～を育てる

▶ She **brought up** three children.
彼女(かのじょ)は3人の子どもを育てた。

□1077

call in ～

(医師・専門家(せんもんか)など)を呼ぶ

▶ We should **call in** experts for this job.
私たちはこの仕事に専門家を呼ぶべきだ。

□1078

call off ～

～を中止する

1語で表すと cancel だね。

▶ They **called off** the concert due to heavy snow.
大雪のため彼(かれ)らはコンサートを中止した。

□1079

drop out

(学校を)退学する，
(途中(とちゅう)で)やめる

▶ My son **dropped out** of college.
息子は大学を退学した。

1080
go along with ～
～を支持する，
～に同行する

▶ I would like to **go along with** your plan.
私はあなたの計画を支持したい。

1081
go off
（警報などが）鳴る

▶ An alarm warning of danger **went off**.
危険を知らせる警報が鳴った。

1082
go over ～
～を見返す，
～を（入念に）調べる

▶ **Go over** the application form before you turn it in.
提出前に申し込みフォームを見返しなさい。

1083
hang up
電話を切る

▶ She **hung up** without saying goodbye.
彼女はさよならも言わずに電話を切った。

1084
have second thoughts
考え直す

▶ He is **having second thoughts** about studying abroad.
彼は留学することについて考え直している。

1085
head for ～
～に向かう

▶ The bus is **heading for** Osaka.
バスは大阪に向かっている。

1086
hold the line
電話を切らずに待つ

▶ **Hold the line**, please.
電話を切らずにお待ちください。

リスニング問題の電話での会話の場面でよく出るよ。

『5分間テストブック』を解いてみよう！ ➡ 別冊 p.72

70 とてもよく出る熟語 その他の熟語①

1087

according to ～

～によれば

▶ **According to** the weather forecast, it will rain tonight.
天気予報によれば，今夜は雨が降るだろう。

1088

on top of ～

（しばしば悪いことについて）～に加えて

▶ It is very hot, and **on top of** that, it is humid.
とても暑く，それに加えて湿度が高い。

1089

a variety of ～

さまざまな～

▶ There are **a variety of** animals in this zoo.
この動物園にはさまざまな動物がいる。

1090

even though ～

～であるけれども

▶ **Even though** he was poor, he was always cheerful.
貧しかったけれども，彼はいつも明るかった。

even though は事実を，**even if** は可能性を表して「～だとしても」の意味になるよ。

1091

in addition to ～

～に加えて

▶ **In addition to** English, he speaks Chinese.
英語に加えて，彼は中国語を話す。

1092

no longer

もはや～ない

▶ These tomatoes are **no longer** fresh.
これらのトマトはもはや新鮮ではない。

1093

so far

今までのところ

▶ **So far**, there are no particular problems.
今までのところ，特に問題はない。

0 500 1000 1380

1094

up to ～

～次第で，～(に至る)まで

▶ It is **up to** you to decide which way to go.
どちらの道を行くべきか決めるのはあなた次第だ。

「～(に至る)まで」の意味では，**guarantee up to** $1,500「1,500ドルまで保証する」のように使うよ。

1095

rather than ～

～よりもむしろ

▶ I'd like to eat sushi **rather than** steak.
私はステーキよりもむしろすしを食べたい。

1096

as long as ～

～する限りは

▶ You may talk here **as long as** you don't speak loudly.
大きな声を出さない限りはここで話してもいいですよ。

1097

except for ～

～を除いて

▶ **Except for** John, nobody in his family speaks Japanese.
ジョンを除いて，家族のだれも日本語を話さない。

1098

to the point

的を射た

▶ Her opinion was **to the point**.
彼女(かのじょ)の意見は的を射ていた。

1099

by way of ～

～経由で，～の手段として

▶ They went to Kagawa **by way of** Okayama.
彼らは岡山経由で香川へ行った。

「～の手段として」の意味では，**by way of introduction**「前置きとして」のように使うよ。

1100

for fear of ～

～を恐(おそ)れて

▶ I cannot try anything new **for fear of** failure.
私は失敗を恐れて何も新しいことに挑戦(ちょうせん)することができない。

『5分間テストブック』を解いてみよう！ ➔ 別冊 p.73

71

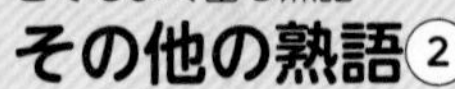

とてもよく出る熟語

その他の熟語②

1101

in particular

特に

▶ **In particular**, he is good at math.
彼は特に数学が得意だ。

1102

in the end

最後に(は)，結局

▶ **In the end,** everything went well.
最後にはすべてうまくいった。

1103

in vain

むだに

▶ He tried hard to find a job, but **in vain**.
彼は懸命に仕事を見つけようとしたが，むだだった。

1104

in the air

空中に，未決定である

▶ Bob hit the ball high **in the air**.
ボブはボールを空中高く打ち上げた。

1105

a wide range of ～

さまざまな～

▶ This store carries **a wide range of** products.
この店はさまざまな商品を取り扱っている。

1106

along with ～

～と一緒に

▶ She sent us a letter **along with** some vegetables.
彼女は私たちに野菜と一緒に手紙を送ってくれた。

1107

by mistake

誤って

▶ I bought two tickets **by mistake**.
私は誤って切符を２枚買ってしまった。

0 500 1000 1380

1108

in other words

言い換えれば

▶ She tries many new things. **In other words**, she is positive.
彼女は多くの新しいことにチャレンジする。言い換えれば彼女は積極的なのだ。

1109

in spite of ～

～にもかかわらず

▶ **In spite of** the bad weather, she walked her dog.
悪天候にもかかわらず，彼女はイヌを散歩させた。

1110

in turn

その結果，次々に

▶ I studied hard and, **in turn**, I passed the exam.
私は一生懸命勉強し，その結果試験に合格した。

1111

on average

平均して

▶ **On average**, twenty students attend this course each time.
平均して毎回 20 人の生徒がこの講座に出席する。

1112

ahead of ～

(時間について)～より前に，(場所・位置が)～の前に

▶ The project was over **ahead of** schedule.
計画は予定より前に終わった。

1113

as follows

次[以下]の通り

▶ The team members are **as follows**.
チームのメンバーは次の通りだ。

1114

as if ～

まるで～のように

▶ She behaved **as if** she were the leader of the group.
彼女はまるでグループのリーダーであるかのように振る舞った。

as though ～も同じ意味を表すよ。

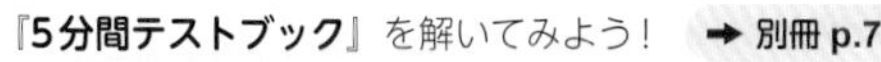
『5分間テストブック』を解いてみよう！ ➜ 別冊 p.74

72

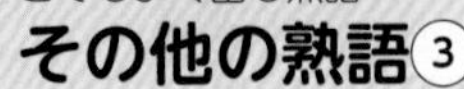

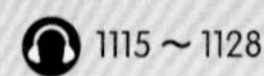

1115

at the moment

今のところ，現在

▶ I am busy with my work **at the moment**.
私は今のところ，仕事が忙しい。

1116

before long

まもなく

▶ **Before long** the plane will land at the airport.
まもなく飛行機は空港に着陸するだろう。

1117

behind *one's* back

〜のいないところで

▶ What did they say about me **behind my back**?
彼らは私のいないところで私のことをどう言ったの？

1118

by chance

偶然に

▶ Yesterday, I saw my cousin **by chance**.
昨日，私は偶然いとこに会った。

1119

for sure

確実に

▶ I'll let her know about this **for sure**.
私はこのことを確実に彼女に知らせるつもりだ。

1120

in advance

前もって

▶ I booked the tickets **in advance**.
私は前もってチケットを予約した。

buy a ticket in advance で「前売り券を買う」という意味になるよ。

1121

in return for 〜

〜のお返しに

▶ **In return for** his help, I invited him to dinner.
手伝ってくれたお返しに，私は彼をディナーに招待した。

0 500 1000 1380

■1122

in terms of ～

～の観点から

▶ We should review the schedule **in terms of** time and cost.
時間や費用の観点から，私たちはスケジュールを見直すべきだ。

■1123

on board ～

（乗り物）に乗って

▶ Let's go **on board** the ship.
船に乗ろう。

■1124

out of order

故障して

▶ This elevator is **out of order**.
このエレベーターは故障しています。

■1125

in case ～

～に備えて

▶ Take an umbrella with you **in case** it rains.
雨に備えて傘(かさ)を持って行きなさい。

■1126

～ as well

～もまた

▶ Do you speak Korean **as well**?
あなたは韓国語(かんこくご)も話しますか。

■1127

at a time

一度に

▶ It is not easy to do several tasks **at a time**.
一度にいくつかの作業をこなすのは簡単ではない。

■1128

by far

飛びぬけて

比較級(ひかくきゅう)や最上級を強める表現だよ。

▶ She was **by far** the fastest runner in her class.
彼女はクラスの中で飛びぬけて足が速かった。

『5分間テストブック』を解いてみよう！ 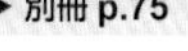 ➜ 別冊 p.75

その他の熟語④

■1129

ever since

それ以来

▶ They met at school and have been friends **ever since**.
彼(かれ)らは学校で出会い，それ以来ずっと友達だ。

■1130

from now on

今後は

▶ Please call this new number **from now on**.
今後はこちらの新しい番号にお電話ください。

■1131

in demand

需要(じゅよう)がある

▶ White T-shirts are always **in demand**.
白いＴシャツは常に需要がある。

on demand「要求があり次第」と混同しないように注意しよう。

■1132

in general

一般(いっぱん)に

▶ **In general**, women live longer than men.
一般に，女性は男性より長生きする。

■1133

in trouble

困った状態で

▶ He is **in trouble** because he lost his wallet during his trip.
彼は旅行中に財布を失くして困っている。

■1134

on purpose

わざと

▶ She answered the question incorrectly **on purpose**.
彼女(かのじょ)は質問にわざと間違(まちが)えて答えた。

■1135

anything but ～

決して～でない

▶ This book is **anything but** his masterpiece.
この本は決して彼の代表作ではない。

■1136
by means of ～
～を用いて

▶ They communicated with each other **by means of** gestures.
彼らはおたがいジェスチャーを用いて意思(いし)の疎通(そつう)を図った。

■1137
by no means
決して～でない

▶ He is **by no means** a fool.
彼は決して愚(おろ)か者(もの)ではない。

■1138
in person
（電話・メールなどではなく）直接

▶ I met the president **in person**.
私は直接，社長に会った。

■1139
in place of ～
～の代わりに

▶ Use honey **in place of** sugar.
砂糖の代わりにはちみつを使いなさい。

■1140
in search of ～
～をさがし求めて

▶ The bears are moving about **in search of** food.
熊はえさをさがし求めて動き回っている。

■1141
in short
要するに

▶ **In short**, I disagree with this plan.
要するに，私はこの計画に反対だ。

■1142
of *one's* own
自分自身の

▶ My daughter wants a room **of her own**.
娘(むすめ)は自分自身の部屋をほしがっている。

『5分間テストブック』を解いてみよう！ ➔ 別冊 p.76

1143

on the contrary

それどころか

▶ It was not sunny yesterday. **On the contrary**, it was snowing heavily.
昨日は晴れではなかった。それどころか大雪が降っていた。

1144

out of date

時代遅れで[の]

▶ Your way of thinking is **out of date**.
あなたの考え方は時代遅れだよ。

1145

to some extent

ある程度は

to a certain extent も同じ意味を表すよ。

▶ I understood his explanation **to some extent**.
私は彼の説明をある程度は理解した。

1146

millions of ～

無数の～，何百万もの～

▶ **Millions of** stars were shining in the sky.
無数の星が空に輝いていた。

1147

at hand

手元に，間近に

▶ Keep this note **at hand**.
このメモを手元に持っていなさい。

1148

as a matter of fact

実のところ，実際は

▶ **As a matter of fact**, I have visited the place before.
実のところ，私は以前その場所を訪れたことがある。

1149

as for ～

～はと言うと，～に関しては

▶ **As for** me, I prefer baseball.
私はと言うと，野球の方が好きだ。

0 500 1000 1380

1150

at most

せいぜい

▶ This room would hold only ten people **at most**.
この部屋にはせいぜい 10 人しか入れないだろう。

1151

at any cost

どんな犠牲(ぎせい)を払(はら)っても

▶ We will make this project a success **at any cost**.
私たちはどんな犠牲を払ってもこの事業を成功させるつもりだ。

at all cost(s) も同じ意味を表すよ。

1152

at random

無作為(むさくい)に

▶ Select five names **at random** from this list.
このリストから無作為に 5 人の名前を選びなさい。

1153

back and forth

行ったり来たり，前後(左右)に

▶ The tiger was moving **back and forth** in the cage.
トラはおりの中を行ったり来たりしていた。

1154

for certain

確かに

▶ I know **for certain** he is from Paris.
彼がパリ出身であることを私は確かに知っている。

1155

for the time being

当分の間

▶ I will work from home **for the time being**.
私は当分の間，在宅勤務しようと思う。

1156

in a sense

ある意味で

▶ What she is saying is true, **in a sense**.
彼女(かのじょ)が言っていることはある意味で，本当だ。

『5分間テストブック』を解いてみよう！ ➔ 別冊 p.77

1157

in effect

事実上

▶ **In effect**, we will have less income.
事実上，私たちは収入が少なくなるだろう。

1158

in private

内緒（ないしょ）で

▶ I have something to tell her **in private**.
私は内緒で彼女（かのじょ）に話すべきことがある。

1159

in public

人前で

反対の意味を表す in private「内緒で」と一緒におぼえよう。

▶ It is embarrassing to argue **in public**.
人前で言い合いをすることは恥（は）ずかしい。

1160

in shape

体調がよくて

▶ I walk every morning to keep **in shape**.
私は快調でいるために毎朝散歩している。

1161

in the first place

そもそも

▶ I did not even know him **in the first place**.
そもそも私は彼（かれ）を知りもしなかった。

1162

in the long run

長い目で見れば

▶ Failures can be useful **in the long run**.
失敗は長い目で見れば役に立つことがある。

1163

in the meantime

その間に

▶ She will be back soon. **In the meantime**, let's hide.
彼女はすぐに戻（もど）ってくるだろう。その間に隠（かく）れよう。

0 500 1000 1380

1164

in use

使われて

▶ These old computers are still **in use**.
これらの古いコンピューターはいまだに使われている。

1165

not to mention ～

～は言うまでもなく

▶ Even Tom forgot to do his homework, **not to mention** Bill.
ビルは言うまでもなく，トムまでもが宿題をし忘れた。

1166

now that ～

(今や)もう～だから

▶ **Now that** I've gotten my smartphone, contact me anytime.
もう私はスマートフォンを買ったのだから，いつでも連絡(れんらく)をください。

1167

on account of ～

～のために

▶ She cannot eat much **on account of** her stomach disorders.
胃の不調のために彼女はあまりたくさん食べられない。

1168

on demand

要求があり次第

▶ We will send the users instructions **on demand**.
要求があり次第，私たちは利用者に説明書を送ります。

1169

on *one's* own

独力で，１人で

▶ He solved the difficult problem **on his own**.
彼は独力でその難しい問題を解決した。

1170

on the whole

全体的に見て

▶ **On the whole**, the plan is working well.
全体的に見て，計画はうまくいっている。

類似表現の by and large も一緒におぼえよう。

『5分間テストブック』を解いてみよう！ ➡ 別冊 p.78

英検TIPS!

どんな問題？　リスニング

英検の一次試験のリスニングテストの大まかな流れを確認しよう。

熟語編

よく出る 熟語210

この章では英検で
複数回出てきた熟語を学習するよ！
しっかりおぼえて，ほかの人と差をつけよう！

76 よく出る熟語 動詞の働きをする熟語①

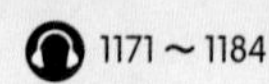

1171

hold up ～

～を遅らせる

▶ The accident **held up** traffic for an hour.
その事故が１時間交通を遅らせた。

1172

bear ～ in mind

～を心に留める

▶ **Bear** this lesson **in mind**.
この教訓を心に留めておきなさい。

1語で表すと remember だね。

1173

look down on ～

～を見下す

▶ Don't **look down on** others.
他人を見下してはいけない。

1174

look into ～

～を調べる

▶ The detective is **looking into** the murder case.
刑事はその殺人事件を調べている。

1175

major in ～

～を専攻する

▶ I **majored in** psychology at university.
私は大学で心理学を専攻した。

1176

make a difference

違いを生む

▶ Daily effort **makes** a big **difference**.
日頃の努力が大きな違いを生む。

1177

make do with ～

(あり合わせのもの)で済ます

▶ I'll **make do with** a quick snack for lunch.
昼食は軽食で済ますつもりだ。

0 500 1000 1380

1178

make fun of ～

～をからかう

▶ Stop **making fun of** your sister, Jim!
妹をからかうのはやめなさい，ジム！

1179

make *one's* way

前進する，成功する

▶ The group **made their way** through the woods.
一行(いっこう)は森の中を前進した。

1180

pass away

(人が)亡くなる

▶ My grandfather **passed away** last year.
私の祖父は昨年亡くなった。

1181

pass on ～ to ...

…に～を伝える

▶ No one **passed on** the news **to** me.
だれも私にそのニュースを伝えなかった。

1182

put ～ into practice

～を実行する

▶ Now it is time to **put** the idea **into practice**.
今こそ，そのアイデアを実行するときだ。

類似表現の **carry out** ～
「～を実行する」も出るよ。

1183

put aside ～

～を考えないことにする，
～をわきに置く

▶ We decided to **put aside** our differences.
私たちは意見の相違(そうい)を考えないことにすると決めた。

1184

put out ～

(火など)を消す

▶ He poured water on the fire to **put it out**.
彼(かれ)は火を消すために水をかけた。

『5分間テストブック』を解いてみよう！ ➡ 別冊 p.79

77 よく出る熟語
動詞の働きをする熟語②

1185

put up with ～

～を我慢する

▶ I cannot **put up with** her selfishness anymore.
私はもう彼女のわがままを我慢することができない。

1語では tolerate や endure で表せるよ。

1186

refrain from *doing*

～するのを慎む

▶ I **refrained from going out** for several days.
私は数日間，外出するのを慎んだ。

1187

remind ～ of ...

～に…を思い起こさせる

▶ This song **reminds** me **of** my high school days.
この歌は私に高校時代を思い起こさせる。

1188

send out ～

～を派遣する，～を発送する

▶ The government **sent out** rescue workers to the disaster area.
政府は災害地域に救助隊員を派遣した。

1189

show up

姿を見せる，現れる

▶ He **showed up** at the party an hour late.
彼は1時間遅れてパーティーに姿を見せた。

1190

sit up

(寝ないで)起きている

▶ She **sat up** all night surfing the Internet.
彼女はインターネットをして一晩中起きていた。

1191

stand by

待機する

▶ Please **stand by** for take-off.
離陸に備えて待機してください。

目的語をとって **stand by you**「あなたを支援する」のようにも使えるよ。

1192
stand out
目立つ

▶ He was tall and **stood out** among his classmates.
彼は長身でクラスメートの中でも目立った。

1193
try out ～
～を試してみる

▶ Let's **try out** the program he wrote.
彼が書いたプログラムを試してみよう。

1194
turn away
(顔・目などを)そらす

▶ We wanted to **turn away** from the scene.
私たちはその現場から目をそらしたかった。

1195
watch out for ～
～に気をつける

▶ **Watch out for** the bees!
ハチに気をつけて！

1196
connect ～ to ...
～を…に接続する

▶ **Connect** this computer **to** the Internet.
このコンピューターをインターネットに接続しなさい。

1197
continue to *do*
～し続ける

▶ He **continued to work** without having dinner.
彼は夕食をとらずに働き続けた。

1198
be accustomed to ～
～に慣れている

▶ I **am accustomed to** dealing with animals.
私は動物の扱いに慣れている。

『5分間テストブック』を解いてみよう！ ➜別冊 p.80

動詞の働きをする熟語③

1199

find *one's* way

たどり着く

▶ We could not **find our way** to our hotel.
私たちはホテルにたどり着くことができなかった。

1200

take up ~

(趣味・仕事など)を始める，(場所・時間など)を占める

▶ She **took up** knitting as a hobby.
彼女は趣味として編み物を始めた。

1201

agree on ~

~について合意する

▶ We could not **agree on** that point.
私たちはその点について合意することができなかった。

1202

apply ~ to ...

~を…に適用する

▶ They decided to **apply** this rule **to** all the members.
彼らはこの規則をすべてのメンバーに適用することに決めた。

apply for ~「~を申し込む」もおぼえているかな？

1203

be absorbed in ~

~に没頭している

▶ He **is absorbed in** reading a book.
彼は読書に没頭している。

1204

be acquainted with ~

~と顔見知りである

▶ I **am acquainted with** that woman.
私はあの女性と顔見知りだ。

1205

be ashamed of ~

~を恥ずかしく思っている

▶ I **am ashamed of** lying.
私はうそをつくことを恥ずかしく思っている。

1206

be done with ～

～と関わるのをやめる，～を終える

▶ She **is done with** that group.
彼女はそのグループと関わるのをやめている。

1207

be familiar to ～

～になじみがある

▶ The voice **was familiar to** us.
その声は私たちになじみがあった。

be familiar with ～「～に精通している」と区別して使おう。

1208

be forced to *do*

～せざるを得ない

▶ They **were forced to leave** their hometown.
彼らは故郷を離れざるを得なかった。

1209

be located in ～

～に位置している

▶ The city hall **is located in** the center of the city.
市役所は市の中心部に位置している。

1210

blame ～ for ...

…を～のせいにする

▶ He **blamed** me **for** the failure.
彼はその失敗を私のせいにした。

1211

charge ～ for ...

～に…を請求する

▶ We will not **charge** our customers **for** delivery.
弊社はお客様に配送料を請求いたしません。

1212

come by ～

～を手に入れる

▶ Those old records are hard to **come by**.
それらの古いレコードを手に入れるのは困難だ。

『5分間テストブック』を解いてみよう！ ➔ 別冊 p.81

動詞の働きをする熟語④

1213

come into being

生じる

▶ Love **came into being** between them.
彼らの間に愛が生じた。

1214

come to an end

終わる

▶ All bad things **come to an end**.
どんな悪いことも終わるものだ。

1215

compensate ～ for ...

～に…を補償する

▶ The company had to **compensate** the victims **for** their injuries.
会社は被害者にけがの補償をしなければならなかった。

1216

connect ～ with ...

～を…と関連づける

▶ They **connected** lung cancer **with** smoking.
彼らは肺がんを喫煙と関連づけた。

1217

decorate ～ with ...

～を…で飾る

▶ She **decorated** the table **with** flowers.
彼女はテーブルを花で飾った。

1218

fail to *do*

～し損なう

▶ The police **failed to arrest** the criminal.
警察は犯人を逮捕し損なった。

1219

fall on ～

(責任などが)～にのしかかる

▶ A heavy responsibility **fell on** me.
重責が私にのしかかった。

1220

feel free to *do*

自由に～する

▶ Please **feel free to eat** this fruit.
こちらのくだものをご自由にお食べください。

1221

give in ～

～を提出する

類似表現の **hand in** ～や **turn in** ～も一緒におぼえよう。

▶ You must **give in** the document by the end of this month.
あなたは今月末までにその書類を提出しなければならない。

1222

go on to *do*

続けて～する

▶ After the explanation, he **went on to demonstrate** how to use the machine.
説明の後，彼は続けてその機械の使い方を実演した。

1223

keep up ～

～を維持する

▶ I want to **keep up** my strength.
私は体力を維持したいと思っている。

1224

make for ～

～に役立つ

▶ Hard work **makes for** success.
努力は成功に役立つ。

1225

make sure of ～

～を確かめる

▶ **Make sure of** the departure time.
出発時刻を確かめなさい。

1226

pay ～ back

～に借りた金を返す

▶ I'll **pay** you **back** tomorrow.
私は明日あなたに借りたお金を返すつもりだ。

『**5分間テストブック**』を解いてみよう！ ➡ 別冊 p.82

80 よく出る熟語
動詞の働きをする熟語⑤

1227～1240

1227

put ～ into ...

…に～をつぎ込む

▶ He is **putting** a lot of money **into** his hobbies.
彼は趣味に大金をつぎ込んでいる。

1228

respond to ～

～に答える

類似表現の **reply to ～**「～に返事をする」も一緒におぼえよう。

▶ She has to **respond to** his e-mail.
彼女は彼のメールに答えなければならない。

1229

take down ～

～を解体する

▶ Workers came over to **take down** this house.
この家を解体するために作業員がやって来た。

1230

be concerned with ～

～に関心がある，
～と関係している

▶ I **am concerned with** natural farming.
私は自然農法に関心がある。

1231

be on ～

～のおごりである

▶ Jim, lunch **is on** me today.
ジム，今日のランチは私のおごりだよ。

1232

come to *do*

～するようになる

▶ My brother **came to like** jazz.
弟はジャズが気に入るようになった。

1233

give in to ～

～に屈する

▶ We will not **give in to** threats.
私たちは脅しに屈しない。

1234

meet *one's* needs

～のニーズを満たす

▶ Choose the best one that **meets your needs**.
最もあなたのニーズを満たすものを選びなさい。

1235

put together ～

～を組み立てる，
(考え)をまとめる

▶ It took a day to **put** the puzzle **together**.
パズルを組み立てるのに1日かかった。

1236

speak out

はっきりと意見を述べる，
大声で話す

▶ He is unable to **speak out** in public.
彼は人前ではっきりと意見を述べることができない。

1237

would rather *do*

むしろ～したい

▶ I **would rather stay** home than go out.
私は外出するよりむしろ家にいたい。

1238

be engaged in ～

～に従事している

▶ I **am engaged in** agriculture.
私は農業に従事している。

1239

be guilty of ～

～の罪を犯している

▶ The man **was guilty of** theft.
男は窃盗(せっとう)の罪を犯していた。

反対の意味を表す **be innocent of ～**
「～の罪を犯していない」も一緒に
おぼえておこう。

1240

be obliged to *do*

～するよう義務づけられている

▶ You **are obliged to show** your ID here.
ここでは身分証を提示するよう義務づけられている。

『5分間テストブック』を解いてみよう！ ➡ 別冊 p.83

81 よく出る熟語 動詞の働きをする熟語⑥

1241

be worthy of ～ ～に値する

▶ His performance **is worthy of** attention.
彼(かれ)の演技は注目に値する。

1242

hand down ～ ～を伝える

▶ I want to **hand down** the village traditions to future generations.
私は将来の世代に村の伝統を伝えたい。

1243

put off ～ ～を延期する

1語で表すと postpone だね。

▶ Never **put off** what you can do today.
今日できることを決して延期してはならない。

1244

think over ～ ～をじっくり考える

▶ Let me **think over** what you said.
あなたが言ったことをじっくり考えさせてください。

1245

be at a loss for ～ ～に困っている

▶ I **was at a loss for** what to say.
私は言うべきことに困った。

1246

be at risk 危険な状態である

▶ Due to the storm, the ships **were at risk**.
嵐(あらし)のため，船は危険な状態だった。

1247

be as good as *one's* word 約束を守る

▶ She **is as good as her word**.
彼女(かのじょ)は約束を守る。

1248

be beneficial to ～

～にとって有益である

▶ Exercise **is beneficial to** your health.
運動は健康にとって有益だ。

1249

be bound for ～

～へ向かう

▶ This train **is bound for** Akita.
この電車は秋田行きです。

1250

be cautious of ～

～について慎重（しんちょう）である

▶ **Be cautious of** opening e-mails from unknown senders.
知らない発信者からのメールを開くことについて慎重になりなさい。

1251

be confident of ～

～を確信している

▶ I **am confident of** his victory.
私は彼の勝利を確信している。

1252

be conscious of ～

～を気にしている

▶ He **is conscious of** his weight.
彼は体重を気にしている。

1253

be fed up with ～

～にうんざりしている

▶ I **am fed up with** his long talks.
私は彼の長話にうんざりしている。

類似表現の **be sick of ～**
「～にうんざりしている」も
一緒（いっしょ）におぼえておこう。

1254

be ignorant of ～

～を知らない

▶ She **was ignorant of** the dangers of the Internet.
彼女はインターネットの危険性を知らなかった。

『5分間テストブック』を解いてみよう！ ➜ 別冊 p.84

1255

be indifferent to ～

～に無関心である

▶ He **is indifferent to** fashion.
彼(かれ)はファッションに無関心だ。

1256

be inferior to ～

～より劣(おと)っている

▶ This computer **is inferior to** that one in quality.
質的にこのコンピューターはあのコンピューターより劣っている。

反対の意味を表す **be superior to** ～「～よりすぐれている」も一緒(いっしょ)におぼえておこう。

1257

be liable to *do*

～しがちである

▶ Cheap toys **are liable to break** easily.
安物のおもちゃは簡単に壊(こわ)れがちだ。

1258

be peculiar to ～

～に特有のものである

▶ Bowing itself **is** not **peculiar to** Japan.
お辞儀(じぎ)そのものは日本に特有のものではない。

1259

be relieved to *do*

～して安心する

▶ I **was relieved to hear** that she was safe.
私は彼女(かのじょ)が無事だと聞いて安心した。

1260

be suitable for ～

～に適している

▶ I think these words **are suitable for** this melody.
私はこの歌詞はこのメロディーに適していると思う。

1261

be suspicious of ～

～を疑っている

▶ I **am suspicious of** his story.
私は彼の話を疑っている。

1262

be too much for ～

～には手に負えない

▶ This problem **is too much for** me.
この問題は私には手に負えない。

1263

burst into ～

突然(とつぜん)～になる

burst into laughter「突然笑い出す」や burst into song「突然歌い出す」もおぼえておこう。

▶ Did he **burst into** tears?
彼は突然泣き出したのですか。

1264

call for ～

声を上げて～を求める

▶ They **called for** peace at the event.
彼らはそのイベントで声を上げて平和を求めた。

1265

call out

大声で叫(さけ)ぶ

▶ The boy **called out**, "Help!"
少年は「助けて！」と大声で叫んだ。

1266

cross out ～

～を線を引いて消す

▶ I **crossed out** several names on the list.
私はリスト上の名前のいくつかを線を引いて消した。

1267

do without ～

～なしで済ます

▶ I have to **do without** a smartphone for a week.
私は１週間スマートフォンなしで済まさなくてはならない。

1268

fit in with ～

～とうまくやっていく

類似表現の get along with ～「～とうまくやっていく」も一緒におぼえておこう。

▶ He seems to **fit in with** his classmates.
彼はクラスメートとうまくやっているようだ。

『5分間テストブック』を解いてみよう！ ➔ 別冊 p.85

動詞の働きをする熟語⑧

1269

get on *one's* nerves

～をいらいらさせる

▶ Her attitude **gets on my nerves**.
彼女(かのじょ)の態度は私をいらいらさせる。

1270

give birth to ～

～を産む

▶ A panda at the zoo **gave birth to** a baby.
動物園のパンダが子を産んだ。

1271

give rise to ～

～を引き起こす

▶ That event **gave rise to** a war between the two countries.
その出来事が２国間の戦争を引き起こした。

1272

keep an eye on ～

～から目を離(はな)さないでいる

▶ Parents should **keep an eye on** their small children.
親は小さな子どもから目を離さないでいるべきだ。

1273

hand out ～

～を配る

▶ She **handed out** the flyers to people.
彼女は人々にビラを配った。

1274

hang on to ～

～にしがみつく

▶ **Hang on to** this rope, and never let go.
このロープにしがみついて，決して手を放してはいけません。

1275

have a word with ～

～とちょっと話す

▶ I'd like to **have a word with** the manager.
私は部長とちょっと話したいのですが。

0 500 1000 1380

1276

hit on ～

～を思いつく

▶ At that moment, I **hit on** a good idea.
その瞬間，私はいいアイデアを思いついた。

1277

know better than to *do*

～するほど愚かではない

▶ He **knows better than to go** there all alone.
彼はたった１人でそこへ行くほど愚かではない。

1278

look away

目をそらす

▶ When I looked at her, she **looked away**.
私が彼女を見ると，彼女は目をそらした。

1279

look out for ～

～に気をつける

▶ **Look out for** thieves in that area.
その地域ではどろぼうに気をつけて。

1280

make a face

しかめっ面をする

▶ She **made a face** when she took a bite.
彼女は一口かじってしかめっ面をした。

1281

make up ～

～を構成する

１語で表すと **constitute** だね。

▶ Twenty departments in all **make up** this organization.
全部で 20 の部署がこの組織を構成している。

1282

might as well *do*

～する方がましだ

▶ If I have to wait in line, I **might as well skip** lunch.
列に並んで待たなければならないのなら，私は昼食を抜いた方がましだ。

動詞の働きをする熟語⑨

1283

be on the run

逃走中(とうそうちゅう)である

▶ A gang of thieves **is** now **on the run**.
窃盗団(せっとうだん)が現在逃走中だ。

1284

owe ～ to ...

～は…のおかげである

▶ We **owe** the success of this event **to** your cooperation.
このイベントの成功はみなさんのご協力のおかげです。

1285

pull together

協力する

▶ People in the area **pulled together** to clean up the river.
地域の人々は川を清掃(せいそう)するために協力した。

1286

put ～ through to ...

(電話で)～を…につなぐ

▶ Could you **put** me **through to** Ms. Grace?
グレースさんにつないでくださいますか。

1287

put forward ～

(案など)を提案する

▶ He **put forward** the idea of building a new school.
彼(かれ)は学校を新設する考えを提案した。

1語で表すと **suggest** だね。

1288

run over ～

～を(車で)ひく

▶ The car almost **ran over** a cat.
車はネコをひくところだった。

1289

send off ～

～を発送する，～を送り出す

▶ I **sent off** a Christmas gift to my niece.
私はめいにクリスマスプレゼントを発送した。

1290

set off

出発する

▶ We **set off** for London this morning.
私たちは今朝ロンドンへ向けて出発した。

1291

show ～ into ...

～を…に案内する

▶ **Show** her **into** the waiting room.
彼女(かのじょ)を待合室に案内して。

1292

stay out

家に帰らない，不在である

▶ I **stayed out** till late yesterday.
私は昨日遅(おそ)くまで家に帰らなかった。

1293

take account of ～

～を考慮(こうりょ)に入(い)れる

▶ You should **take account of** the weather when planning a hike.
ハイキングを計画するときは天気を考慮に入れるべきだ。

1294

take in ～

～を迎(むか)え入(い)れる

▶ Our team will **take in** new members again.
私たちのチームは再び新しいメンバーを迎え入れるつもりだ。

1295

take on ～

～を請(う)け負(お)う，～を雇(やと)う

▶ He **took on** the task of checking the data.
彼はデータのチェック作業を請け負った。

1296

be under way

進行中である

▶ The construction of that bridge **is under way**.
その橋の建設工事が進行中だ。

形容詞の **underway**「進行中の」を使って，**be underway** で表すこともあるよ。

『5分間テストブック』を解いてみよう！ ➜ 別冊 p.87

その他の熟語①

1297

out of control

制御(せいぎょ)できない

▶ The machine was **out of control**.
その機械は制御できなかった。

1298

provided that ~

~という条件で

▶ You can register for this course **provided that** you have passed that test.
その試験に通っているという条件で，このコースの受講登録ができる。

1299

sooner or later

遅(おそ)かれ早かれ

▶ **Sooner or later** he will appear.
遅かれ早かれ彼(かれ)は現れるだろう。

1300

what is called

いわゆる

▶ He is **what is called** a two-way player.
彼はいわゆる二刀流選手だ。

類似表現の **what we[you, they] call** や **so-called** も一緒(いっしょ)におぼえておこう。

1301

for lack of ~

~の不足のために

▶ The plan was canceled **for lack of** funds.
資金の不足のために計画は取りやめになった。

1302

in danger of ~

~の危険にさらされて

▶ The animals were **in danger of** dying because of the forest fire.
山火事で動物たちが死の危険にさらされていた。

1303

in response to ~

~にこたえて

▶ **In response to** a request, he sang one more song.
リクエストにこたえて，彼はもう１曲歌った。

1304

no matter what 〜

何を〜しても

▶ I will never give up **no matter what** anyone says.
だれが何と言おうとも，私は絶対にあきらめない。

1305

by degrees

徐々(じょじょ)に

▶ The sky became darker **by degrees**.
空は徐々に暗くなった。

1306

on the spot

すぐその場で

▶ I decided to join the group **on the spot**.
私はすぐその場でそのグループに入ることに決めた。

1307

a great deal of 〜

(量が)たくさんの〜

▶ **A great deal of** time will be needed to solve this problem.
この問題を解決するにはたくさんの時間が必要とされるだろう。

1308

a series of 〜

一連の〜

▶ She attended **a series of** meetings this week.
彼女(かのじょ)は今週一連の会議に出席した。

1309

as a whole

全体として

▶ **As a whole**, our business is doing well.
全体として，私たちの事業はうまくいっている。

1310

as far as 〜

(範囲(はんい)を示して)〜する限り

▶ **As far as** I know, the station will be rebuilt soon.
私の知る限り，もうすぐ駅は建(た)て替(か)えられる。

条件を示して「〜する限り，〜さえすれば」を表す **as long as** 〜と区別して使おう。

『**5分間テストブック**』を解いてみよう！ ➡ 別冊 p.88

その他の熟語②

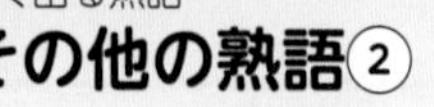

1311

contrary to ～

～に反して

▶ **Contrary to** her expectation, she passed the exam.
予想に反して，彼女は試験に合格した。

1312

for nothing

無料で，見返りなしに

▶ I got this ticket **for nothing**.
私は無料でこのチケットを手に入れた。

1313

for the benefit of ～

～のために

▶ My brother works **for the benefit of** the poor.
兄は貧困者のために活動している。

1314

on the go

とても忙しくして

▶ I have been **on the go** all day.
私は１日中ずっととても忙しくしている。

1315

out of place

場違いで

▶ I felt **out of place** in the room.
その部屋で私は場違いな感じがした。

1316

so as to *do*

～するように

▶ They got up early **so as to catch** the first train.
彼らは始発列車に間に合うように早起きした。

「～しないように」は，**so as not to *do*** で表すよ。

1317

～ enough to *do*

…するほど十分に～

▶ This computer is light **enough to carry**.
このコンピューターは持ち運べるほど十分に軽い。

0　500　1000　1380

1318

regardless of ～

～にかかわらず

▶ This sport is enjoyed by everyone, **regardless of age**.
このスポーツは年齢(ねんれい)にかかわらず，すべての人々に楽しまれている。

1319

if ～ were to *do*

仮に～が…するようなことがあれば

▶ **If** the moon **were to fall** to the earth, what would you do?
仮に月が地球に落ちるようなことがあれば，あなたはどうしますか。

1320

in fashion

流行して

▶ Wide-legged pants were **in fashion** at that time.
その当時は幅広(はばびろ)のズボンが流行していた。

1321

in place

適所に

▶ They put several sculptures **in place** for the exhibition.
彼らは展示のため，いくつかの彫刻(ちょうこく)を適所に設置した。

1322

still more ～

(肯定文(こうていぶん)に続けて)～はなおさら，～はまして

▶ He can speak Spanish, **still more** English.
彼はスペイン語を話せる，英語はなおさらだ。

1323

on behalf of ～

～を代表して

▶ She accepted the trophy **on behalf of** the team.
彼女はチームを代表してトロフィーを受け取った。

1324

on duty

勤務時間中で

▶ He is **on duty** now.
彼は今勤務時間中だ。

反対の意味を表す off duty「勤務時間外で」も一緒(いっしょ)におぼえておこう。

▷『5分間テストブック』を解いてみよう！　➜ 別冊 p.89

1325

out of stock

在庫切れの

▶ Unfortunately, that shirt was **out of stock**.
残念ながら，そのシャツは在庫切れだった。

1326

as time goes by

時間がたつにつれて

▶ **As time went by**, people forgot him.
時間がたつにつれて，人々は彼(かれ)を忘れた。

1327

a large amount of ～

大量の～

▶ You can store **a large amount of** data on this computer.
このコンピューターには大量のデータを保存できる。

1328

as a matter of course

当然のこととして

▶ **As a matter of course**, I attended the party.
当然のこととして，私はパーティーに出席した。

1329

as a rule

通例，一般(いっぱん)に

as a general rule とも言うよ。

▶ **As a rule**, business areas are almost empty on holidays.
通例，休日はオフィス街にほとんど人通りがない。

1330

as is often the case with ～

～にはよくあることだが

▶ **As is often the case with** secondhand books, the book had notes in it.
古本にはよくあることだが，その本には書(か)き込(こ)みがあった。

1331

aside from ～

～を除けば

▶ **Aside from** being heavy, this chair is great.
重いことを除けば，この椅子(いす)はすばらしい。

0 500 1000 1380

1332

at *one's* convenience

～の都合のよいときに

▶ Call me anytime **at your convenience**.
いつでもあなたの都合のよいときに電話してね。

1333

at all costs

何としてでも

at any cost とも言うよ。

▶ I will win the championship **at all costs**.
私は何としてでも優勝を勝ち取るつもりだ。

1334

at best

せいぜい

▶ I guess I got seventy **at best** on yesterday's test.
昨日のテストはせいぜい 70 点だろうな。

1335

at present

現在

▶ The museum is closed **at present**.
美術館は現在休館中だ。

1336

behind schedule

予定より遅(おく)れて

▶ The construction of the stadium is **behind schedule**.
競技場の建設工事は予定より遅れている。

1337

but for ～

～がなければ

▶ **But for** water, nothing could live.
水がなければ，何も生きられない。

1338

by all means

何としても

▶ Such a situation must be avoided **by all means**.
そのような状況(じょうきょう)は何としても避(さ)けられなくてはならない。

会話で相手の誘(さそ)いなどを了承(りょうしょう)するとき，「ぜひとも」の意味でよく使われるよ。

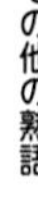

よく出る熟語

その他の熟語

『5分間テストブック』を解いてみよう！ ➡ 別冊 p.90

1339
by and large
だいたい

▶ **By and large**, our project is going well.
だいたい私たちのプロジェクトは順調にいっている。

1340
by birth
生まれながらの，生まれは

▶ Isabel is an artist **by birth**.
イザベルは生まれながらの芸術家だ。

1341
by contrast
対照的に

▶ It was stormy yesterday, but **by contrast**, it is clear today.
昨日は嵐(あらし)だったが，対照的に今日は晴れわたっている。

1342
by surprise
不意に

▶ Someone called my name **by surprise**.
だれかが不意に私の名前を呼んだ。

1343
for long
(ふつう疑問文・否定文で) 長い間

▶ Have you been working here **for long**?
あなたはここで長い間働いているのですか。

1344
for ages
ひさしく

▶ I haven't had sushi **for ages**.
私はひさしく寿司(すし)を食べていない。

1345
for all ～
～にもかかわらず

▶ **For all** his faults, everyone likes him.
彼(かれ)の欠点にもかかわらず，みんなは彼が好きだ。

類似表現の **in spite of** ～や **despite** ～も一緒(いっしょ)におぼえておこう。

1346
for hire
賃貸しの，雇(やと)われている

▶ There are some bikes **for hire** in front of the station.
駅前に賃貸しの自転車がある。

1347
for the sake of ～
～のために

▶ He stopped smoking **for the sake of** his health.
彼は健康のために禁煙(きんえん)した。

for *one's* sake「～のために」も一緒におぼえておこう。

1348
in depth
徹底的(てっていてき)に

▶ The case should be investigated **in depth**.
その事件は徹底的に調査されるべきだ。

1349
in honor of ～
～に敬意を表して

▶ People stood up **in honor of** the queen.
人々は女王に敬意を表して起立した。

1350
in most cases
ほとんどの場合

▶ **In most cases**, the procedure takes less than ten minutes.
ほとんどの場合，その手続きには 10 分もかからない。

1351
in part
ある程度

▶ The failure is due **in part** to timing.
失敗はある程度タイミングによるものだ。

1352
in the way of ～
～のじゃまになって

▶ A fallen tree was **in the way of** traffic.
倒木(とうぼく)が交通のじゃまになっていた。

『5分間テストブック』を解いてみよう！ ➜ 別冊 p.91

1353

in total

全部で

▶ He spent 200,000 yen **in total** for the trip.
彼はその旅行に全部で20万円使った。

1354

in comparison with ～

～と比較して

▶ **In comparison with** Niigata, Tokyo has much less snow.
新潟と比較して，東京はずっと雪が少ない。

1355

inside out

裏表で

▶ You're wearing your shirt **inside out**, Ted.
シャツを裏表に着ているよ，テッド。

1356

let alone ～

(否定表現に続けて)～は言うまでもなく

▶ He does not like going out, **let alone** going traveling.
彼は旅行することは言うまでもなく，外出することが好きではない。

1357

much less ～

(否定表現に続けて)まして～，なおさら～

▶ The child still cannot write hiragana, **much less** kanji.
その子はまだひらがなを書けない，まして漢字は書けない。

still less や even less でも同じような意味を表すよ。

1358

no sooner ～ than ...

～するやいなや…

▶ **No sooner** had I gotten home **than** he called me.
私が帰宅するやいなや彼から電話があった。

1359

on and off

断続的に

off and on とも言うよ。

▶ Yesterday it rained **on and off**.
昨日は断続的に雨が降った。

1360

off duty

勤務時間外で

▶ He caused a car accident **off duty**.
彼は勤務時間外に自動車事故を起こした。

1361

on hand

(手伝う)準備ができて

▶ The instructor was **on hand** to offer advice.
インストラクターはアドバイスをする準備ができていた。

1362

on the edge of ～

～の寸前で

▶ The animal was **on the edge of** extinction.
その動物は絶滅(ぜつめつ)寸前(すんぜん)であった。

1363

on the market

売りに出されて

▶ This house was **on the market** last month.
この家は先月，売りに出されていた。

1364

out of use

使われていない

▶ This expression is now **out of use**.
この表現は現在使われていない。

1365

prior to ～

～より前に

▶ Hand in this report **prior to** the meeting.
この報告書を会議より前に提出しなさい。

1366

that is to say

つまり

▶ We will meet in three days, **that is to say**, on Friday.
私たちは３日後，つまり金曜日に会うつもりだ。

『5分間テストブック』を解いてみよう！

よく出る熟語

その他の熟語⑥

1367

what is more

その上

▶ This food is delicious, and **what is more**, it is reasonable.
この料理はとてもおいしい，その上値段が手ごろだ。

1368

when it comes to ～

～のことになると

▶ **When it comes to** music, she never stops talking.
音楽のことになると，彼女は話が止まらない。

1369

with respect to ～

～に関して

▶ The minister expressed his opinion **with respect to** the news report.
大臣はそのニュース報道に関して意見を述べた。

1370

with regard to ～

～に関して

▶ I am writing **with regard to** your order.
ご注文に関してのご連絡です。

類似表現の with respect to ～ も一緒におぼえておこう。

1371

within reach of ～

～のすぐ近くの

▶ The hall is **within reach of** the station.
会館は駅のすぐ近くにある。

1372

by nature

生まれつき

▶ He must be smart **by nature**.
彼は生まれつき頭がいいにちがいない。

1373

on condition that ～

～という条件で

▶ They let her in **on condition that** she would not take pictures.
写真撮影をしないという条件で，彼らは彼女を中に入れた。

1374

nothing but ～

ただ～だけ

▶ We can see **nothing but** fog.
私たちにはただ霧(きり)だけが見える。

1375

speaking of ～

～と言えば

▶ **Speaking of** Tom, he moved to Australia.
トムと言えば，彼はオーストラリアに引(ひ)っ越(こ)したよ。

1376

no more than ～

わずか～にすぎない

▶ **No more than** five students are taking the class.
わずか５人にすぎない生徒がその授業を受けている。

1語で表すと only だね。

1377

in need

困っている

▶ They are working hard to help people **in need**.
困っている人々を助けるために，彼らは懸命(けんめい)に働いている。

1378

far from ～

決して～ではない

▶ This sofa is **far from** comfortable.
このソファーは決して快適ではない。

1379

for a change

気分転換(きぶんてんかん)に

▶ She took a walk in the park **for a change**.
彼女は気分転換に公園で散歩した。

1380

the rest of ～

残りの～

▶ **The rest of** her life was full of happiness.
残りの彼女の人生は幸せいっぱいだった。

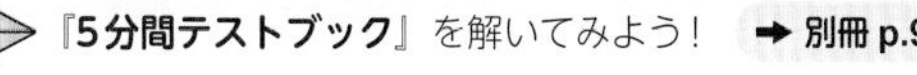
『5分間テストブック』を解いてみよう！ ➡ 別冊 p.93

英検TIPS!

当日の持ち物

教室で英検を間近にひかえたケンとアカネが話しているよ。

持ち物チェックリストだよ。本番前日に確認して,✓を入れてね。
☐ 一次受験票兼本人確認票　必ず写真を貼っておこう!
☐ 身分証明書
☐ HBの黒えんぴつ,またはシャープペンシル　使い慣れているものが◎。予備も必ず持っていこう!
☐ 消しゴム　消しやすいもの,よく消えるものを選ぼう!
☐ うで時計　会場にあることが多いけれど,近くに置いておくと安心!
☐ うわばき　不要な会場もあるよ。確認しよう。

会話表現50

最後に会話表現を学習するよ!
リスニングや会話文の空所補充問題で頻出!
よく出る50の表現を確実に身につけよう!

会話表現①

01 What's wrong with ～?　～はどうしたのですか。

A: **What's wrong with** your hand**?**
　きみの手，どうしたの？

B: I just fell over this morning.
　今朝ちょっと転んだの。

02 How come?　どうして？

A: I'll skip my dinner today.
　今日は夕食を抜くよ。

B: **How come?**
　どうして？

03 Attention, passengers.　乗客のみなさまにお知らせします。

Attention, passengers. We will soon arrive at North Station.
乗客のみなさまにお知らせします。まもなくノースステーションに到着します。

リスニング問題の第2部，アナウンスの場面でよく出るよ。

04 Don't mention it.　どういたしまして。，とんでもないです。

A: Thank you for your kindness.
　ご親切にありがとうございます。

B: **Don't mention it.**
　どういたしまして。

You're welcome. と同じような意味だね。

05 Hold on a minute, please.　（電話で）少々お待ちください。

A: May I speak to Mr. Smith, please?
　スミスさんをお願いできますか。

B: **Hold on a minute, please.**
　少々お待ちください。

英検の筆記問題やリスニングでよく出る会話表現を紹介します。
対話からどんな場面かを考えながら，音声を聞こう。

06 I can’t help it.

どうしようもないのです。

A: Again, you’re eating ice cream!
また，アイスクリームを食べてる！

B: **I can’t help it.**
どうしようもないんだよ。

07 I didn’t mean it.

そんなつもりはなかったんです。

A: Why did you say such a thing?
なんで，そんなことを言ったの？

B: **I didn’t mean it.**
そんなつもりはなかったんだ。

08 I doubt it.

それはどうかな。，
そうは思いません。

A: I’ll definitely get up early tomorrow.
明日はちゃんと早起きするよ。

B: **I doubt it.**
それはどうかな。

09 I see what you mean, but ～ .

あなたの言いたいことはわかりますが，～。

A: **I see what you mean, but** I don’t completely agree.
あなたの言いたいことはわかりますが，完全に同意できるわけではありません。

B: What’s your opinion?
あなたの意見はどうですか。

10 I’d like to have ～ *done*.

～を…してもらいたいのですが。

A: **I’d like to have** my room **cleaned.**
私の部屋を掃除してもらいたいのですが。

B: Sure, I’ll do it.
もちろん，やりますよ。

会話表現②

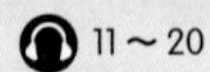

I'd say that ～.

～でしょうね。

A: **I'd say that** this team will lose.
このチームは負けるでしょうね。

B: No way!
そんなはずはないよ！

I'll be back in a minute.

すぐに戻ります。

A: **I'll be back in a minute.**
すぐに戻ります。

B: OK, I'll be waiting here.
はい，ここで待ってます。

It all depends.

それは時と場合によります。

A: Will the restaurant be crowded?
あのレストランは混むかな？

B: **It all depends.**
それは時と場合によるよ。

It doesn't matter ～.

～は重要ではありません。

A: Jack is working for a big company.
ジャックって大企業で働いているんだ。

B: **It doesn't matter** which company he is working for.
彼がどこの会社で働いていようが，重要ではないよ。

It's up to you.

あなた次第です。

A: I'm not sure which college to apply to.
どこの大学に出願すればいいかわからない。

B: **It's up to you.**
あなた次第よ。

It depends on you.
とも言うよ。

英検の筆記問題やリスニングでよく出る会話表現を紹介します。
対話からどんな場面かを考えながら，音声を聞こう。

May I take your order?

(飲食店で)注文をうかがってもよろしいですか。

A: **May I take your order?**
注文をうかがってもよろしいですか。

B: I’m not ready yet.
まだです。

Take it easy.

気楽にね。

A: **Take it easy.**
気楽にね。

B: Thanks. I’ll do my best.
ありがとう。全力でやるよ。

To tell you the truth, ～.

実を言うと，～。

A: **To tell you the truth,** I can’t eat raw fish.
実を言うと，生の魚が食べられないんだ。

B: So, let’s eat tempura or something.
じゃあ，天ぷらか何かを食べよう。

類似表現の**Frankly speaking,～.**「はっきり言って，～。」も一緒におぼえておこう。

What do you say to ～?

～はどうですか。

A: **What do you say to** eating out tonight**?**
今晩，外食をするのはどう？

B: That’s a good idea!
いい考えだね！

I wonder if you could ～.

～していただけないでしょうか。

A: **I wonder if you could** give us a ride to the station.
私たちを車で駅へ送っていただけないでしょうか。

B: Sure, no problem.
もちろん，いいですよ。

会話表現③

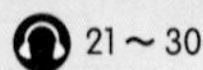

21 I've got to *do*. ～しなければならない。

A: **I've got to do** my homework tonight.
今晩，宿題をしなければならないんだ。

B: Hang in there!
がんばってね！

I've got to go.「もう行かないと」もよく使われるよ。

22 Would you mind *doing*? ～していただけませんか。

A: **Would you mind opening** the door?
ドアを開けていただけませんか。

B: Not at all.
かまいませんよ。

23 Long time no see. お久しぶりです。

A: Are you Meg?
メグですか？

B: Oh, Mike! **Long time no see.**
まあ，マイク！　久しぶり。

24 All you have to do is to *do*. ～しさえすればよい。

A: **All you have to do is to sign** here.
ここにサインをしさえすればいいのです。

B: I'd rather not.
いたしかねます。

25 Can you make it ～? ～は都合がつきますか。

A: **Can you make it** tomorrow?
明日は都合がつきますか。

B: No. I'm busy tomorrow.
いいえ。明日は忙(いそが)しいのです。

英検の筆記問題やリスニングでよく出る会話表現を紹介します。
対話からどんな場面かを考えながら，音声を聞こう。

26 Don't miss ～.

～をお見逃しなく。

It's a great bargain. **Don't miss** this big chance.
お買得です。この絶好のチャンスをお見逃しなく。

店内アナウンスなどの場面でよく用いられる表現だよ。

27 Go ahead.

どうぞ。

A: Can I sit here?
ここに座ってもいいですか。

B: **Go ahead.**
どうぞ。

28 I appreciate it.

感謝しています。

A: I'll make some coffee for you.
コーヒーをいれてあげる。

B: **I appreciate it.**
ありがとう。

29 I can't follow ～.

～の言っていることがわかりません。

A: **I can't follow** you.
あなたの言っていることがわかりません。

B: OK. I'll explain that again.
わかった。もう一度説明するからね。

30 I got stuck in ～.

～に巻き込まれました。

A: **I got stuck in** a traffic jam this morning.
今朝，渋滞に巻き込まれました。

B: That's too bad.
それはあいにくだね。

■31

I have something to tell you.

ちょっと話があります。

A: **I have something to tell you.**
ちょっとお話があります。

B: What is it?
何ですか。

■32

I'll keep my fingers crossed for ～ .

～の幸運を祈(いの)っています。

A: **I'll keep my fingers crossed for** you.
あなたの幸運を祈っています。

B: Thank you very much.
どうもありがとう。

■33

I'll treat you.

ごちそうします。

A: **I'll treat you.**
ごちそうします。

B: Really? Thanks a lot!
ほんと？　どうもありがとう！

■34

In addition, ～.

その上[さらに]，～。

The service of the hotel is excellent. **In addition,** the charge is reasonable.
そのホテルのサービスはすばらしいのです。その上，料金はお手ごろです。

■35

In conclusion, ～.

結論として，～。

I lost the match. **In conclusion,** I need much more effort.
試合で負けちゃった。結論として，私はもっと努力が必要だな。

英検の筆記問題やリスニングでよく出る会話表現を紹介します。
対話からどんな場面かを考えながら，音声を聞こう。

■36 In that case, ～.

それなら，～。

A: I left my bag in the train.
列車内にかばんを忘れてきてしまったんだ。

B: **In that case,** you should go to the lost and found.
それなら，遺失物保管所に行かなきゃ。

■37 Is ～ there?

（電話で）～さんはいますか。

A: **Is** Mr. White **there?**
ホワイトさんはいらっしゃいますか。

B: He's off today.
今日はお休みをいただいています。

■38 It's been a long time.

久しぶりだね。

A: Nice to see you again, Jack.
また会えてうれしいわ，ジャック。

B: Oh, Linda. **It's been a long time.**
やあ，リンダ。久しぶりだね。

類似表現の **Long time no see.** と一緒におぼえておこう。

■39 Other than that, ～.

そのほかは，～。

A: John is careless about being on time.
ジョンって時間にルーズだよね。

B: **Other than that,** he's a nice person.
そのほかは，いい人なんだけどね。

■40 Some ～, and others ... .

～もいれば，…もいます。

Some people like saving money, **and others** like spending it.
お金を貯めるのが好きな人もいれば，使うのが好きな人もいます。

会話表現⑤

Sorry to interrupt you.

（仕事・話の最中などに）ちょっとすみません。

A: **Sorry to interrupt you.**
ちょっとすみません。

B: Just a moment.
ちょっと待ってください。

Take your time.

ゆっくりどうぞ。

A: I'll finish this work soon.
この仕事をすぐに済ませます。

B: **Take your time.**
ゆっくりどうぞ。

That's why ～.

そういうわけで，～なのです。

I'm a morning person. **That's why** I study in the morning.
私は朝型なんですよ。そういうわけで，私は朝に勉強するのです。

That reminds me.

それで思い出しました。

A: I met Bob this morning. He looked very happy.
今朝，ボブに会いましたよ。彼はとても幸せそうでした。

B: **That reminds me.** Today is his birthday!
それで思い出しました。今日は彼の誕生日です！

That's exactly what ～.

それはまさに～することです。

A: He's very curious.
彼はとても好奇心旺盛だね。

B: **That's exactly what** I think.
それはまさに私が思っていることです。

英検の筆記問題やリスニングでよく出る会話表現を紹介します。
対話からどんな場面かを考えながら，音声を聞こう。

46 This is because ～.　これは～だからです。

A: A lot of trains are delayed today.
今日は電車がたくさん遅れていますね。

B: **This is because** there's an electrical failure.
これは電気系統の故障があるからです。

47 To begin with, ～.　まず始めに，～。

OK, class. **To begin with,** let's review the last lesson.
では，みなさん。まず始めに，前回の授業の復習をしましょう。

48 To put it another way, ～.　別の言い方をすると, ～。

A: City life is too busy. **To put it another way,** it's stressful.
都会の生活はとても慌ただしいですね。別の言い方をすると，ストレスがたまります。

B: I'm also tired of the busy city life.
私も慌ただしい都会の生活にはうんざりです。

49 What a mess!　なんて散らかっているんでしょう！

A: **What a mess!** You should clean your room right now.
なんて散らかっているの！　すぐに部屋を掃除しなさい。

B: Sorry. I'll do that.
ごめんなさい。やります。

50 You must be kidding.　冗談でしょう。

A: I won a trip to Hawaii yesterday.
昨日，ハワイ旅行が当たったよ。

B: **You must be kidding.** You're really lucky!
冗談でしょ。あなたはとても運がいいね！

類似表現の **Are you kidding?** も一緒におぼえておこう。

さくいん（単語編）

数字は見出し語の番号だよ。

C

F

G・H

I

J・K

L

M

N

O

P

Q

R

S

さくいん（熟語編）

数字は見出し語の番号だよ。

A

B

C・D・E・F

G・H

O・P

R・S

T・U・W

わかるにかえる！

5分間 テストブック 2級

すべての単語・熟語の確認問題があるよ！

単語帳で
学習したあとに、
赤シートを使って
問題をとこう。

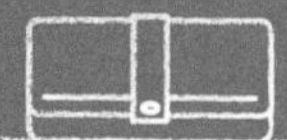

BUNRI

もくじ

CONTENTS

このテストブックは,
単語帳１単元２ページに対し，１ページで対応しています。

単語帳　テストブック

テストブックには，**単語帳に載(の)っているすべての単語・熟語の問題**が掲載(けいさい)されています。赤シートを使って定着を確認し，**おぼえていなかった単語・熟語**のチェックらん（□）に✓を入れましょう。単語帳にもどって見直しをすると，より効果的です。

取り外して
スキマ時間にも
使ってね！

学習記録表

テストの結果を記録しよう!

- チェックの数が **2つ以下**の場合→ **「よくできた」**にチェック
- チェックの数が **3つ～5つ**の場合→ **「できた」**にチェック
- チェックの数が **6つ以上**の場合→ **「もう少し」**にチェック

単元	よくできた	できた	もう少し
例	✓		
1			
2			
3			
4			
5			
6			
7			
8			
9			
10			
11			
12			
13			
14			
15			
16			
17			
18			
19			

単元	よくできた	できた	もう少し
20			
21			
22			
23			
24			
25			
26			
27			
28			
29			
30			
31			
32			
33			
34			
35			
36			
37			
38			
39			

単元	よくできた	できた	もう少し
40			
41			
42			
43			
44			
45			
46			
47			
48			
49			
50			
51			
52			
53			
54			
55			
56			
57			
58			
59			
60			
61			
62			
63			
64			
65			

単元	よくできた	できた	もう少し
66			
67			
68			
69			
70			
71			
72			
73			
74			
75			
76			
77			
78			
79			
80			
81			
82			
83			
84			
85			
86			
87			
88			
89			
90			

「もう少し」にチェックが入った
単元はしっかり見直ししようね！

とてもよく出る単語

1 動詞①

1 次の単語の意味をおぼえているか確認しましょう。

□(1) leave　～を…にしておく　□(2) increase　増加する

□(3) train　～を訓練する　□(4) develop　～を開発する

□(5) last　続く　□(6) park　～を駐車(ちゅうしゃ)する

□(7) reduce　～を減らす　□(8) cause　～を引き起こす

★～を減らす　★～を…にしておく　★～を引き起こす　★増加する
★続く　★～を駐車(ちゅうしゃ)する　★～を訓練する　★～を開発する

2 日本語に合うように，(　　)内の適する単語を選びましょう。

□(1) (need / produce) cars　車を生産する

□(2) (meet / read) a request　要求を満たす

□(3) (offer / buy) other plans　ほかのプランを提供する

□(4) (create / use) a new job　新しい職をつくり出す

□(5) (let / get) me know　私に知らせる

□(6) (react / cost) money　お金がかかる

□(7) (allow / need) him to use the room
彼(かれ)にその部屋を使うことを許す

□(8) (suggest / agree) that you are right
あなたが正しいことを示唆(しさ)する

おぼえていなかった単語は**単語帳 12 ページ**にもどって，もういちど確認しよう。

2 とてもよく出る単語
動詞②

つづりにも注意して
おぼえようね!

1 次の単語の意味をおぼえているか確認しましょう。

□(1) provide　～を供給する　□(2) protect　～を保護する

□(3) surprise　～を驚(おどろ)かす　□(4) care　気にかける

□(5) attach　～を添付(てんぷ)する　□(6) expect　～を予想する

□(7) own　～を所有している　□(8) land　着陸する

ヒント

★～を保護する　★～を所有している　★～を添付(てんぷ)する　★着陸する
★気にかける　★～を驚(おどろ)かす　★～を予想する　★～を供給する

2 日本語に合うように，＿＿にあてはまる単語を答えましょう。

□(1) support the theory　その理論を支持する

□(2) check the number of words　語数をチェックする

□(3) improve the workers' skills　作業者の技術を向上させる

□(4) damage crops　作物に被害(ひがい)を与(あた)える

□(5) follow the rules　ルールに従う

□(6) apologize to her　彼女(かのじょ)に謝る

□(7) run a company　会社を経営する

□(8) drive me mad　私を怒(おこ)らせる

ヒント

★ run　★ support　★ check　★ damage
★ drive　★ apologize　★ follow　★ improve

おぼえていなかった単語は**単語帳 14 ページ**にもどって，もういちど確認しよう。

3

とてもよく出る単語

動詞③

1 次の単語の意味をおぼえているか確認しましょう。

□(1) prepare ～を準備する　□(2) contain ～を含む

□(3) prevent ～を防ぐ　□(4) attend ～に出席する

□(5) recommend ～を薦める　□(6) agree 意見が一致する

□(7) hike ハイキングをする　□(8) cancel ～を取り消す

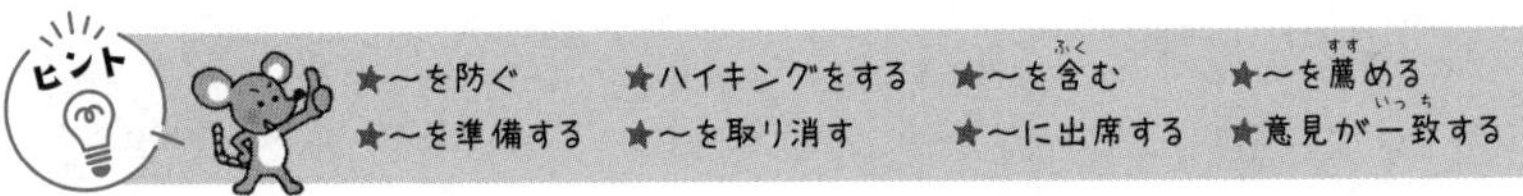

ヒント
★～を防ぐ
★ハイキングをする
★～を含む
★～を薦める
★～を準備する
★～を取り消す
★～に出席する
★意見が一致する

2 日本語に合うように，(　　)内の適する単語を選びましょう。

□(1) (count / (point)) a camera at me　私にカメラを向ける

□(2) (accept / (attract)) young people　若者たちの興味を引く

□(3) ((replace) / remove) batteries　バッテリーを取り替える

□(4) ((recycle) / reduce) metal　金属を再生利用する

□(5) ((serve) / cause) snacks　軽食を出す

□(6) (read / (lead)) a healthy life　健康的な生活を送る

□(7) (polish / (publish)) a cookbook　料理本を出版する

□(8) ((face) / turn) difficulties　困難に直面する

おぼえていなかった単語は**単語帳 16 ページ**にもどって，もういちど確認しよう。

4 とてもよく出る単語 動詞④

1 次の単語の意味をおぼえているか確認しましょう。

- □(1) release ～を放つ
- □(2) shape ～を形づくる
- □(3) control ～を支配する
- □(4) relax くつろぐ
- □(5) decrease ～を減らす
- □(6) fix ～を修理する
- □(7) purchase ～を購入（こうにゅう）する
- □(8) deliver ～を配達する

ヒント ★～を減らす ★～を支配する ★～を修理する ★～を形づくる ★～を購入する ★～を放つ ★くつろぐ ★～を配達する

2 日本語に合うように，____にあてはまる単語を答えましょう。

- □(1) marry you あなたと結婚（けっこん）する
- □(2) lower the price 価格を下げる
- □(3) guess his age 彼（かれ）の年齢（ねんれい）を推測する
- □(4) contact you by e-mail メールであなたと連絡（れんらく）を取る
- □(5) occur suddenly 突然（とつぜん）起こる
- □(6) share my knowledge with others 他人と知識を共有する
- □(7) charge an extra fee 追加料金を請求（せいきゅう）する
- □(8) base my decision on your opinions あなたたちの意見に私の判断の基礎（きそ）を置く

ヒント ★marry ★contact ★charge ★guess ★lower ★base ★occur ★share

おぼえていなかった単語は**単語帳 18 ページ**にもどって，もういちど確認しよう。

5 とてもよく出る単語 動詞⑤

1 次の単語の意味をおぼえているか確認しましょう。

□(1) prefer ～の方を好む　□(2) manage ～を経営[管理]する

□(3) match ～と調和する　□(4) gain ～を得る

□(5) add ～を加える　□(6) print ～を印刷する

□(7) exchange ～を交換し合う　□(8) repair ～を修理する

★～と調和する　★～を交換し合う　★～を加える　★～を修理する
★～を印刷する　★～を得る　★～の方を好む　★～を経営[管理]する

2 日本語に合うように，(　　)内の適する単語を選びましょう。

□(1) (improve / (invent)) a new robot　新しいロボットを発明する

□(2) ((rise) / raise) into the sky　空へ上昇する

□(3) (behave / (belong)) to me　私のものである

□(4) ((suit) / resemble) you well　あなたによく似合う

□(5) ((apply) / afford) for that job　その仕事に申し込む

□(6) ((consider) / combine) you (to be) a friend
あなたを友人だと見なす

□(7) (fade / (form)) a team for a project
プロジェクトのためにチームを組織する

□(8) (contain / (complain)) about bad service
悪いサービスに不平を言う

おぼえていなかった単語は**単語帳 20 ページ**にもどって，もういちど確認しよう。

6 とてもよく出る単語 動詞⑥

1 次の単語の意味をおぼえているか確認しましょう。

□(1) steal ～を盗む　□(2) promote ～を促進する

□(3) melt とける　□(4) graduate 卒業する

□(5) spread ～を広める　□(6) inform ～に通知する

□(7) destroy ～を破壊する　□(8) continue ～を続ける

★～に通知する　★とける　★卒業する　★～を広める
★～を盗む　★～を続ける　★～を促進する　★～を破壊する

2 日本語に合うように，＿＿にあてはまる単語を答えましょう。

□(1) raise funds　資金を調達する

□(2) encourage me　私を勇気づける

□(3) preserve food　食べ物を保存する

□(4) affect children　子どもたちに影響を及ぼす

□(5) appear sad　悲しんでいるように見える

□(6) include tax　税金を含む

□(7) perform an experiment in the laboratory

実験室で実験を行う

□(8) connect a printer to a computer

プリンターをコンピューターへつなぐ

★ encourage　★ raise　★ include　★ perform
★ affect　★ preserve　★ appear　★ connect

おぼえていなかった単語は**単語帳 22 ページ**にもどって，もういちど確認しよう。

7

とてもよく出る単語

動詞⑦

1 次の単語の意味をおぼえているか確認しましょう。

□(1) survive　生き残る　　□(2) communicate　意思疎通する

□(3) advertise　～を宣伝[広告]する　　□(4) lend　～に…を貸す

□(5) announce　～を知らせる　　□(6) examine　～を調べる

□(7) cover　～を覆う　　□(8) celebrate　～を祝う

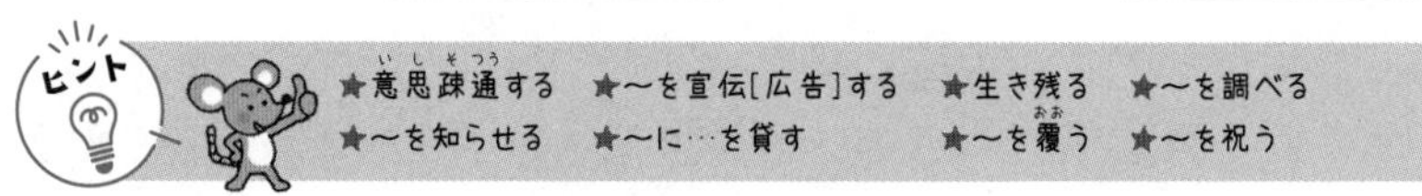

ヒント
★意思疎通する　★～を宣伝[広告]する　★生き残る　★～を調べる
★～を知らせる　★～に…を貸す　★～を覆う　★～を祝う

2 日本語に合うように，(　　)内の適する単語を選びましょう。

□(1) ((accept) / cancel) your offer　あなたの申し入れに応じる

□(2) (pull / (fill)) a cup with water　カップを水で満たす

□(3) ((suffer) / prefer) from a bad headache　ひどい頭痛に苦しむ

□(4) (figure / (feed)) my dog　イヌにえさを与える

□(5) ((suppose) / support) you are right　たぶんあなたが正しいと思う

□(6) ((burn) / save) kitchen waste　台所のごみを燃やす

□(7) (qualify / (quit)) a job　仕事をやめる

□(8) (report / (require)) good communication skills

優れたコミュニケーション能力を必要とする

おぼえていなかった単語は**単語帳 24 ページ**にもどって，もういちど確認しよう。

8 とてもよく出る単語
動詞⑧

1 次の単語の意味をおぼえているか確認しましょう。

□(1) concentrate　集中する　　□(2) waste　～を浪費する

□(3) remove　～を取り除く　　□(4) participate　参加する

□(5) migrate　移住する　　□(6) chat　おしゃべりする

□(7) ship　～を送る　　□(8) supply　～を供給する

★～を取り除く　★～を浪費する　★移住する　★集中する
★～を供給する　★～を送る　★参加する　★おしゃべりする

2 日本語に合うように，＿＿にあてはまる単語を答えましょう。

□(1) consume a lot of energy　多くのエネルギーを消費する

□(2) transfer at the next station　次の駅で乗り換える

□(3) be located near the station　駅の近くに位置する

□(4) can afford to buy a house　家を買う余裕がある

□(5) complete the project　そのプロジェクトを完成させる

□(6) remind me of my childhood　子どものころを私に思い出させる

□(7) depend on your efforts　あなたの努力次第である

□(8) rely[depend] on my parents　両親に頼る

★ complete　★ transfer　★ remind　★ consume
★ rely　★ depend　★ afford　★ located

おぼえていなかった単語は**単語帳 26 ページ**にもどって，もういちど確認しよう。

9 とてもよく出る単語

動詞⑨

1 次の単語の意味をおぼえているか確認しましょう。

□(1) rent　～を賃借りする
□(2) pack　～に荷物をつめる
□(3) expand　～を拡大[拡張]する
□(4) involve　～を巻き込む
□(5) argue　議論する
□(6) search　探す
□(7) treat　～を扱う
□(8) disturb　～に迷惑をかける

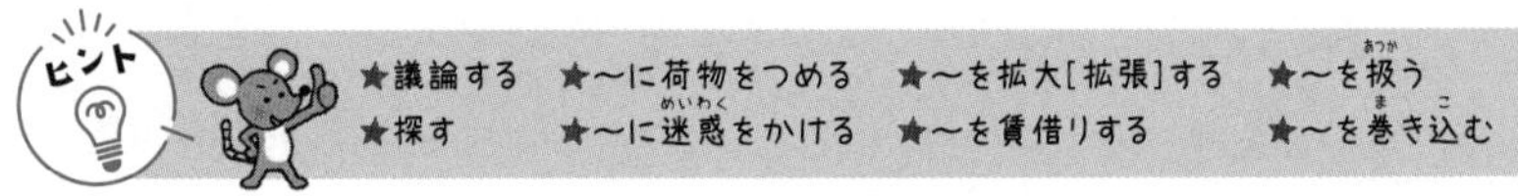

ヒント
★議論する ★～に荷物をつめる ★～を拡大[拡張]する ★～を扱う
★探す ★～に迷惑をかける ★～を賃借りする ★～を巻き込む

2 日本語に合うように，(　　)内の適する単語を選びましょう。

□(1) (remove / (remain)) popular　人気のままである
□(2) ((discuss) / dismiss) social problems　社会問題について議論する
□(3) ((surf) / consume) the Internet　インターネットを見て回る
□(4) (conduct / (count)) the number of pages　ページ数を数える
□(5) ((compare) / pull) the two products　2つの製品を比較する
□(6) (decide / (promise)) to meet me　私と会うことを約束する
□(7) ((estimate) / touch) a cost　コストを見積もる
□(8) (remember / (recognize)) the difficulties of this task　この仕事の難しさを認める

おぼえていなかった単語は**単語帳 28 ページ**にもどって，もういちど確認しよう。

10 とてもよく出る単語

動詞⑩

1 次の単語の意味をおぼえているか確認しましょう。

□(1) upset ～を動揺(どうよう)させる　□(2) trap ～をわなで捕(と)らえる

□(3) warn ～に警告する　□(4) appreciate ～に感謝する

□(5) disappoint ～をがっかりさせる　□(6) avoid ～を避(さ)ける

□(7) monitor ～を監視(かんし)する　□(8) delay ～を遅(おく)らせる

★～に警告する　★～をがっかりさせる　★～を動揺させる　★～を監視する
★～を避ける　★～に感謝する　★～をわなで捕らえる　★～を遅らせる

2 日本語に合うように，____にあてはまる単語を答えましょう。

□(1) hire some employees 何人か従業員を雇(やと)う

□(2) mix salt and water 塩と水を混ぜる

□(3) fit you well あなたにぴったり合う

□(4) describe a picture 写真の特徴(とくちょう)を述べる

□(5) transport cars by ship 船で車を輸送する

□(6) wave my hand 手を振(ふ)る

□(7) organize a festival 祭りを計画する

□(8) limit the amount of sugar 砂糖の量を制限する

★ mix　★ wave　★ hire　★ describe
★ transport　★ limit　★ organize　★ fit

おぼえていなかった単語は**単語帳 30 ページ**にもどって，もういちど確認しよう。

11 とてもよく出る単語 動詞⑪

1 次の単語の意味をおぼえているか確認しましょう。

□(1) donate　～を寄付する　□(2) claim　～と主張する

□(3) upgrade　～をアップグレードする　□(4) breathe　呼吸する

□(5) struggle　奮闘（ふんとう）する　□(6) spill　～をこぼす

□(7) retire　引退する　□(8) prove　～を証明する

ヒント
★～と主張する　★呼吸する　★～をこぼす　★～を証明する
★～を寄付する　★奮闘（ふんとう）する　★引退する　★～をアップグレードする

2 日本語に合うように，(　　)内の適する単語を選びましょう。

□(1) (count / **award**) a prize to him　彼（かれ）に賞を与（あた）える

□(2) (charge / **absorb**) water　水を吸収する

□(3) (**employ** / endure) more workers　さらに労働者を雇（やと）う

□(4) (**cure** / pour) many patients　多くの患者（かんじゃ）を治す

□(5) (deny / **kill**) time reading a book　本を読んで時間をつぶす

□(6) (**lay** / request) eggs on the ground　地面に卵を産む

□(7) (**note** / apply) his phone number　彼の電話番号を書き留める

□(8) (**arrange** / post) a meeting　会議(の日時など)を取り決める

おぼえていなかった単語は**単語帳 32 ページ**にもどって，もういちど確認しよう。

12 とてもよく出る単語
動詞⑫・名詞①

1 次の単語の意味をおぼえているか確認しましょう。

□(1) scare	～をおびえさせる	□(2) brain	脳
□(3) decorate	～を飾(かざ)る	□(4) pay	給料
□(5) project	計画	□(6) customer	顧客(こきゃく)
□(7) order	注文	□(8) behave	振(ふ)る舞(ま)う

ヒント
★注文　★～をおびえさせる　★顧客　★給料
★脳　★計画　★～を飾る　★振る舞う

2 日本語に合うように，(　　)内の適する単語を選びましょう。

□(1) go to the (occasion / office) 職場へ行く
□(2) (hire / separate) the two tables 2つのテーブルを離(はな)す
□(3) (request / invent) support 支援(しえん)を要請(ようせい)する
□(4) keep the (environment / permission) clean 環境(かんきょう)をきれいに保つ
□(5) work in the food (department / investment) 食品部門で働く
□(6) (refer / prefer) to the following 下記を参照する
□(7) use recycled (gap / metal) リサイクル金属を利用する
□(8) (click / knock) on this link このリンクをクリックする

おぼえていなかった単語は**単語帳 34 ページ**にもどって，もういちど確認しよう。

13 とてもよく出る単語
名詞②

1 次の単語の意味をおぼえているか確認しましょう。

□(1) result 結果 □(2) amount 量

□(3) instrument 楽器 □(4) device 装置

□(5) research 調査 □(6) account 口座

□(7) resident 居住者 □(8) gym ジム

★口座 ★ジム ★量 ★楽器 ★調査 ★結果 ★装置 ★居住者

2 日本語に合うように，(　　)内の適する単語を選びましょう。

□(1) hide a (fact / lie) 事実を隠す

□(2) find a rare (fossil / false) 珍しい化石を見つける

□(3) find an interesting (miracle / article) 面白い記事を見つける

□(4) talk to the (supporter / manager) 責任者と話す

□(5) hire some (staff / steps) 何人かスタッフを雇う

□(6) set up a (website / wave) ウェブサイトを立ち上げる

□(7) attract a large (audience / experience) たくさんの観衆を引きつける

□(8) belong to a large (comment / community) 大きいコミュニティに属する

おぼえていなかった単語は**単語帳 36 ページ**にもどって，もういちど確認しよう。

14 とてもよく出る単語 名詞③

1 次の単語の意味をおぼえているか確認しましょう。

□(1) fuel 燃料　□(2) discount 割引

□(3) clothes 衣服　□(4) electricity 電気

□(5) boss 上司　□(6) smartphone スマートフォン

□(7) expert 専門家　□(8) experience 経験

★電気　★経験　★割引　★衣服
★上司　★燃料　★専門家　★スマートフォン

2 日本語に合うように，＿＿にあてはまる単語を答えましょう。

□(1) fire the employee　その従業員を解雇(かいこ)する

□(2) think about the design　デザインについて考える

□(3) use a lot of material　多くの材料を使う

□(4) change the password　パスワードを変える

□(5) do more exercise　もっと運動をする

□(6) accept many patients　多くの患者(かんじゃ)を受け入れる

□(7) acquire skills　技能を身につける

□(8) develop technology　科学技術を発達させる

★ material　★ skills　★ employee　★ technology
★ patients　★ password　★ exercise　★ design

おぼえていなかった単語は**単語帳 38 ページ**にもどって，もういちど確認しよう。

15 とてもよく出る単語 名詞④

1 次の単語の意味をおぼえているか確認しましょう。

□(1) solution 解決(策)　□(2) item 品目

□(3) access アクセス　□(4) creature 生き物

□(5) schedule 予定(表)　□(6) case 事例

□(7) effect 効果　□(8) benefit 利益

★解決(策)　★生き物　★効果　★事例
★予定(表)　★アクセス　★品目　★利益

2 日本語に合うように，(　　)内の適する単語を選びましょう。

□(1) have a bitter (pace / taste) 苦い味がする

□(2) attend a (conference / team) 会議に出席する

□(3) need more (practice / point) もっと練習が必要である

□(4) go to a (wall / mall) ショッピングセンターへ行く

□(5) increase in (distance / temperature) 温度が上がる

□(6) take (medicine / oxygen) 薬を飲む

□(7) transport (passengers / guides) by plane 飛行機で乗客を運ぶ

□(8) ask the (boss / professor) about his class 教授に授業について尋ねる

おぼえていなかった単語は**単語帳 40 ページ**にもどって，もういちど確認しよう。

16 とてもよく出る単語 名詞⑤

1 次の単語の意味をおぼえているか確認しましょう。

□(1) quality 質　□(2) insect 昆虫（こんちゅう）

□(3) opinion 意見　□(4) detail 詳細（しょうさい）

□(5) distance 距離（きょり）　□(6) disease 病気

□(7) rest 残り　□(8) fee 料金

★詳細（しょうさい） ★料金 ★距離（きょり） ★意見 ★質 ★昆虫（こんちゅう） ★病気 ★残り

2 日本語に合うように，____にあてはまる単語を答えましょう。

□(1) promote local tourism 地元の観光事業を促進（そくしん）する

□(2) develop software ソフトウェアを開発する

□(3) write a novel 小説を書く

□(4) make a statement suddenly 突然（とつぜん）声明を発表する

□(5) life after retirement 退職後の生活

□(6) walk around a slum スラム街を歩き回る

□(7) organize a tour 旅行を企画（きかく）する

□(8) show new students around the campus 新入生たちにキャンパスを案内する

★ tourism ★ campus ★ retirement ★ slum
★ software ★ statement ★ tour ★ novel

おぼえていなかった単語は**単語帳 42 ページ**にもどって，もういちど確認しよう。

17 とてもよく出る単語 名詞⑥

1 次の単語の意味をおぼえているか確認しましょう。

□(1) generation 年齢層(ねんれいそう)　□(2) nature 自然

□(3) presentation プレゼンテーション　□(4) subject 話題

□(5) challenge 難題　□(6) population 人口

□(7) client 顧客(こきゃく)　□(8) panel パネル

ヒント
★プレゼンテーション　★話題　★顧客(こきゃく)　★人口
★パネル　★年齢層(ねんれいそう)　★自然　★難題

2 日本語に合うように，(　　)内の適する単語を選びましょう。

□(1) miss my ((flight) / action) 自分の便に乗(の)り損(そこ)ねる

□(2) a ((traffic) / ticket) accident 交通事故

□(3) take part in club (members / (activities)) クラブ活動に参加する

□(4) start a (monument / (movement)) 運動を起こす

□(5) cause ((harm) / farm) 害を及(およ)ぼす

□(6) receive a ((bill) / mill) 請求書(せいきゅうしょ)を受け取る

□(7) the ((membership) / quality) of the sports club

スポーツクラブの会員資格

□(8) hold a sports ((tournament) / transportation)

スポーツのトーナメントを開催(かいさい)する

おぼえていなかった単語は**単語帳 44 ページ**にもどって，もういちど確認しよう。

18 とてもよく出る単語 名詞⑦

1 次の単語の意味をおぼえているか確認しましょう。

□(1) condition 条件　□(2) publisher 出版社

□(3) decade 10年間　□(4) crop 作物

□(5) liquid 液体　□(6) advertisement 広告

□(7) source 源　□(8) instance 例

★出版社　★広告　★例　★10年間　★液体　★源　★作物　★条件

2 日本語に合うように，＿＿にあてはまる単語を答えましょう。

□(1) carry out a survey 調査を実施する

□(2) solve the whole mystery 謎のすべてを解明する

□(3) build my career 経歴を積む

□(4) a party guest パーティーの招待客

□(5) have a college education 大学教育を受ける

□(6) a wide variety of crops 豊富な種類の作物

□(7) break the law 法を犯す

□(8) a sense of humor ユーモアの感覚

★law　★mystery　★survey　★education
★guest　★sense　★career　★variety

おぼえていなかった単語は**単語帳46ページ**にもどって，もういちど確認しよう。

19

とてもよく出る単語

名詞⑧

1 次の単語の意味をおぼえているか確認しましょう。

□(1) period　期間　□(2) salary　給料

□(3) view　見解　□(4) image　画像

□(5) location　位置　□(6) mayor　市長

□(7) prize　賞　□(8) officer　役人

★画像　★役人　★賞　★見解　★市長　★期間　★位置　★給料

2 日本語に合うように，(　　)内の適する単語を選びましょう。

□(1) charge a (plant / battery) 電池を充電(じゅうでん)する

□(2) well above (percentage / average) 平均をかなり上回って

□(3) make an (appointment / offer) 約束をする

□(4) the latest (incidents / fashions) 最新の流行

□(5) a large (income / import) 多額の収入

□(6) (tourists / residents) from other countries 外国人観光客

□(7) the local (economics / economy) 地域経済

□(8) a convenience store in the (material / neighborhood) 近所のコンビニエンスストア

おぼえていなかった単語は**単語帳 48 ページ**にもどって，もういちど確認しよう。

20 とてもよく出る単語 名詞⑨

1 次の単語の意味をおぼえているか確認しましょう。

□(1) industry 産業　□(2) electronics 電子工学
□(3) deal 量　□(4) pattern 様式
□(5) participant 参加者　□(6) production 生産
□(7) application 申し込み(書)　□(8) cell 細胞

ヒント
★量　★生産　★細胞　★電子工学
★産業　★様式　★参加者　★申し込み(書)

2 日本語に合うように，＿＿にあてはまる単語を答えましょう。

□(1) make an announcement 発表を行う
□(2) buy some groceries for dinner 夕食用に食料品を買う
□(3) a written exam 筆記試験
□(4) tough competition 激しい競争
□(5) recover from an illness 病気から回復する
□(6) a hospital cafeteria 病院のカフェテリア
□(7) suffer from stress ストレスに苦しむ
□(8) have no concern about the matter そのことについて何も心配はない

★ exam ★ illness ★ competition ★ stress
★ cafeteria ★ concern ★ groceries ★ announcement

おぼえていなかった単語は**単語帳 50 ページ**にもどって，もういちど確認しよう。

21

とてもよく出る単語

名詞⑩

1 次の単語の意味をおぼえているか確認しましょう。

□(1) safety 安全(性)　□(2) effort 努力

□(3) storm 嵐(あらし)　□(4) spot 地点

□(5) advantage 利点　□(6) feather 羽

□(7) agency 代理店　□(8) gallery 美術館

★利点　★代理店　★地点　★嵐(あらし)　★努力　★美術館　★安全(性)　★羽

2 日本語に合うように，(　　)内の適する単語を選びましょう。

□(1) the (addition / relation) of workers 労働者の追加

□(2) ride a (vehicle / wheel) 乗り物に乗る

□(3) earn a driver's (sentence / license) 運転免許証(うんてんめんきょしょう)をとる

□(4) contain a lot of (fiber / roots) 多くの繊維(せんい)を含(ふく)む

□(5) buy (ingredients / cubes) for curry カレーの材料を買う

□(6) take the shortest (route / turn) 最短のルートをとる

□(7) learn karate (parts / techniques) 空手の技術を習う

□(8) consist of many (substances / patterns) 多くの物質から成る

おぼえていなかった単語は**単語帳 52 ページ**にもどって，もういちど確認しよう。

22 とてもよく出る単語
名詞⑪

1 次の単語の意味をおぼえているか確認しましょう。

□(1) agent 代理人[店]　□(2) evidence 証拠
□(3) object 物　□(4) issue 問題(点)
□(5) knowledge 知識　□(6) role 役割
□(7) treatment 治療　□(8) exhibition 展覧[展示]会

ヒント
★知識　★物　★役割　★代理人[店]
★治療　★証拠　★問題(点)　★展覧[展示]会

2 日本語に合うように，(　　)内の適する単語を選びましょう。

□(1) believe in (habit / religion) 宗教を信仰する
□(2) take a (photograph / biography) 写真を撮る
□(3) go in the wrong (direction / situation) 間違った方向に向かう
□(4) throw away (tax / trash) ごみを捨てる
□(5) air conditioning (equipment / movement) 空調設備
□(6) gain (muscle / motion) through exercise 運動で筋肉をつける
□(7) one of the greatest (inventions / insects) 最も偉大な発明品の1つ
□(8) take (affairs / measures) to solve a problem 問題を解決するための措置を講じる

おぼえていなかった単語は**単語帳 54 ページ**にもどって，もういちど確認しよう。

23 とてもよく出る単語 名詞⑫

1 次の単語の意味をおぼえているか確認しましょう。

□(1) bone　骨　　□(2) garbage　ごみ
□(3) cycle　周期　　□(4) childcare　育児
□(5) document　文書　　□(6) trade　貿易
□(7) assignment　課題　　□(8) degree　学位

ヒント ★文書 ★周期 ★骨 ★ごみ ★育児 ★課題 ★学位 ★貿易

2 日本語に合うように，(　　)内の適する単語を選びましょう。

□(1) buy new (equipment / (furniture))　新しい家具を買う
□(2) change my (request / (attitude))　態度を変える
□(3) lead a huge ((army) / attack)　巨大(きょだい)な軍隊を率いる
□(4) carry a (wallet / (backpack))　リュックサックを背負う
□(5) understand the current ((situation) / notice)　現在の状況(じょうきょう)を理解する
□(6) wear various (surveys / (costumes)) on the stage　ステージでいろいろな衣装を着る
□(7) polish the ((surface) / opinion) of the material　その素材の表面を磨(みが)く
□(8) increase the ((demand) / session) for clean energy　クリーンエネルギーへの需要(じゅよう)を高める

おぼえていなかった単語は**単語帳 56 ページ**にもどって，もういちど確認しよう。

24

とてもよく出る単語

名詞⑬

1 次の単語の意味をおぼえているか確認しましょう。

□(1) success	成功	□(2) contest	コンテスト
□(3) opportunity	機会	□(4) author	著者
□(5) laptop	ノートパソコン	□(6) athlete	運動選手
□(7) data	データ	□(8) focus	焦点

★データ ★コンテスト ★運動選手 ★ノートパソコン
★機会 ★著者 ★焦点 ★成功

2 日本語に合うように，＿＿にあてはまる単語を答えましょう。

□(1) have a good memory 記憶力がよい

□(2) set up an organization 団体を設立する

□(3) used clothing 中古の衣料品

□(4) take public transportation 公共交通機関を利用する

□(5) a long stretch of coast 長く一続きに伸びた海岸線

□(6) protect national security 国家の安全を守る

□(7) many kinds of bacteria 多くの種類の細菌

□(8) commit a crime 犯罪を犯す

★ organization ★ memory ★ clothing ★ bacteria
★ transportation ★ security ★ coast ★ crime

おぼえていなかった単語は**単語帳 58 ページ**にもどって，もういちど確認しよう。

25 とてもよく出る単語 名詞⑭

1 次の単語の意味をおぼえているか確認しましょう。

□(1) facility　施設（しせつ）　□(2) response　返答

□(3) conversation　会話　□(4) clinic　診療所（しんりょうじょ）

□(5) director　取締役（とりしまりやく）　□(6) flavor　風味

□(7) aim　目的　□(8) poison　毒

ヒント
★毒　★風味　★診療所　★目的　★返答　★施設　★取締役　★会話

2 日本語に合うように，（　）内の適する単語を選びましょう。

□(1) a mild (critic / (climate))　穏（おだ）やかな気候

□(2) run a political ((campaign) / decision)　政治の組織的活動を行う

□(3) go back to my ((hometown) / attention)　故郷に帰る

□(4) feel (pleasure / (pressure))　プレッシャーを感じる

□(5) the ((term) / treatment) of a contract　契約期間（けいやくきかん）

□(6) a nature (rail / (trail))　自然遊歩道

□(7) at my own (evidence / (expense))　自分自身の費用で

□(8) have a hotel ((reservation) / responsibility)　ホテルを予約してある

おぼえていなかった単語は**単語帳 60 ページ**にもどって，もういちど確認しよう。

26 とてもよく出る単語
名詞⑮

1 次の単語の意味をおぼえているか確認しましょう。

□(1) method 方法　□(2) position 立場
□(3) ancestor 祖先　□(4) bubble 泡（あわ）
□(5) shortage 不足　□(6) container 容器
□(7) site 用地　□(8) championship 選手権（大会）

★選手権（大会）　★用地　★方法　★泡（あわ）
★不足　★立場　★容器　★祖先

2 日本語に合うように，＿＿にあてはまる単語を答えましょう。

□(1) start a food ＿blog＿ 食べ物のブログを始める
□(2) in ＿contrast＿ to last year 昨年とは対照的に
□(3) a national ＿charity＿ 全国的な慈善事業（じぜんじぎょう）
□(4) have a ＿session＿ 会合を開く
□(5) ＿carbon＿ fiber 炭素繊維（たんそせんい）
□(6) lead a simple ＿lifestyle＿ 質素な生活を送る
□(7) an able ＿politician＿ 有能な政治家
□(8) pay with a ＿credit＿ card クレジットカードで支払（しはら）う

★ carbon　★ credit　★ blog　★ politician
★ lifestyle　★ charity　★ contrast　★ session

おぼえていなかった単語は**単語帳 62 ページ**にもどって，もういちど確認しよう。

27 とてもよく出る単語 名詞⑯

1 次の単語の意味をおぼえているか確認しましょう。

□(1) approach 取り組み方　□(2) construction 建設
□(3) discovery 発見　□(4) ceremony 儀式（ぎしき）
□(5) relationship 関係　□(6) majority 大多数
□(7) brand 銘柄（めいがら）　□(8) clerk 店員

ヒント
★儀式（ぎしき）　★銘柄（めいがら）　★関係　★発見
★店員　★取り組み方　★大多数　★建設

2 日本語に合うように，（　）内の適する単語を選びましょう。

□(1) the costs of (cancel / healthcare) 医療費（いりょうひ）
□(2) consumption (tax / fix) 消費税
□(3) ancient Greek (temples / roofs) 古代ギリシャの神殿（しんでん）
□(4) key (emergencies / currencies) 主要通貨
□(5) a powerful (engine / energy) 強力なエンジン
□(6) a (length / weight) of 100 kilograms 100 キログラムの重さ
□(7) a variety of (tools / goods) 種類豊富な品物
□(8) a (region / portion) in Japan 日本のある地域

おぼえていなかった単語は**単語帳 64 ページ**にもどって，もういちど確認しよう。

28 とてもよく出る単語
名詞⑰・形容詞①

1 次の単語の意味をおぼえているか確認しましょう。

□(1) past 過去の　□(2) pain 痛み
□(3) exhibit 展示品　□(4) poverty 貧困
□(5) delivery 配達　□(6) code 暗号
□(7) recent 最近の　□(8) solar 太陽の

ヒント
★最近の ★過去の ★暗号 ★痛み
★配達 ★太陽の ★貧困 ★展示品

2 日本語に合うように，(　　)内の適する単語を選びましょう。

□(1) (dinosaur / timber) fossils 恐竜の化石
□(2) a skilled (programmer / proportion) 熟練のプログラマー
□(3) (modern / mature) history 現代史
□(4) (outcome / online) banking オンラインバンキング
□(5) memories of my (charity / childhood) 子ども時代の思い出
□(6) a sudden (death / result) 急死
□(7) gardening (floods / tools) 園芸用の道具
□(8) the most important (aspect / post) of the problem
その問題の最も重要な側面

おぼえていなかった単語は**単語帳 66 ページ**にもどって，もういちど確認しよう。

29

とてもよく出る単語

形容詞②

よくかんばっているね。
その調子!

1 次の単語の意味をおぼえているか確認しましょう。

□(1) elderly 年配の　□(2) sound 健全な

□(3) certain 一定の　□(4) available 利用できる

□(5) ancient 古代の　□(6) public 公衆の

□(7) likely ～しそうで　□(8) rare 珍(めずら)しい

ヒント
★～しそうで ★一定の ★利用できる ★健全な
★珍しい ★古代の ★年配の ★公衆の

2 日本語に合うように，(　　)内の適する単語を選びましょう。

□(1) an (official / extra) charge 追加料金

□(2) a (clear / common) language 共通言語

□(3) a bag (similar / effective) to mine 私のと同じようなバッグ

□(4) a (tropical / chemical) reaction 化学反応

□(5) an (official / essential) document 公式文書

□(6) a (monthly / regular) meeting 定例会議

□(7) an (electronic / automatic) book 電子書籍(でんししょせき)

□(8) a (successful / serious) business 成功したビジネス

おぼえていなかった単語は**単語帳 68 ページ**にもどって，もういちど確認しよう。

30 とてもよく出る単語

形容詞③

1 次の単語の意味をおぼえているか確認しましょう。

□(1) global 世界的規模の　□(2) nearby すぐ近くの

□(3) medical 医療(いりょう)の　□(4) particular 特別な

□(5) excellent 卓越(たくえつ)した　□(6) plastic ビニールの

□(7) efficient 効率的な　□(8) wealthy 裕福(ゆうふく)な

ヒント

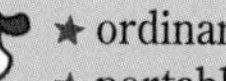

★卓越(たくえつ)した　★すぐ近くの　★世界的規模の　★効率的な
★裕福(ゆうふく)な　★特別な　★ビニールの　★医療(いりょう)の

2 日本語に合うように，____にあてはまる単語を答えましょう。

□(1) ordinary days　ありふれた日々

□(2) a serious problem　深刻な問題

□(3) a female swimmer　女性の水泳選手

□(4) a noisy classroom　騒(さわ)がしい教室

□(5) at the present stage　現在の段階で

□(6) major industries　主要な産業

□(7) a portable radio　携帯用(けいたいよう)のラジオ

□(8) a huge profit　ばく大な利益

ヒント

★ ordinary　★ noisy　★ present　★ serious
★ portable　★ female　★ major　★ huge

おぼえていなかった単語は**単語帳 70 ページ**にもどって，もういちど確認しよう。

31

とてもよく出る単語

形容詞④

1 次の単語の意味をおぼえているか確認しましょう。

□(1) nervous 神経質な　□(2) convenient 都合のいい

□(3) thin 薄(うす)い　□(4) private 個人の

□(5) attractive 魅力的(みりょくてき)な　□(6) empty 空(から)の

□(7) native 母国の　□(8) effective 効果的な

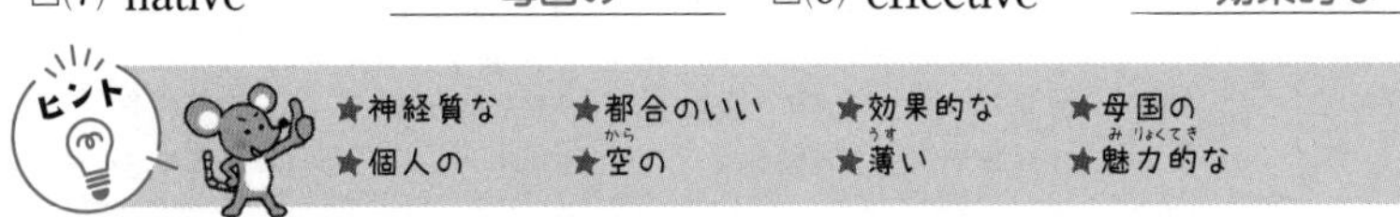

ヒント
★神経質な　★都合のいい　★効果的な　★母国の
★個人の　★空(から)の　★薄(うす)い　★魅力的(みりょくてき)な

2 日本語に合うように，(　　)内の適する単語を選びましょう。

□(1) the (economic / global) world 経済界　〔答え：economic〕

□(2) be (worth / wonderful) reading 読む価値がある　〔答え：worth〕

□(3) (dull / various) opinions さまざまな意見　〔答え：various〕

□(4) have an (unusual / ordinary) name 珍(めずら)しい名前をもつ　〔答え：unusual〕

□(5) for (visible / individual) use 個人使用の　〔答え：individual〕

□(6) under (different / normal) conditions 普通(ふつう)の状態で　〔答え：normal〕

□(7) an (original / active) idea 独創的なアイデア　〔答え：original〕

□(8) a (flexible / perfect) day for camping　〔答え：perfect〕

キャンプをするのに申し分のない日

おぼえていなかった単語は**単語帳 72 ページ**にもどって，もういちど確認しよう。

32 とてもよく出る単語 形容詞⑤

よくがんばっているね。
その調子!

1 次の単語の意味をおぼえているか確認しましょう。

□(1) positive 積極的な　□(2) current 流通している

□(3) electric 電気の　□(4) aware 気づいて

□(5) due 期限が来て　□(6) valuable 高価な

□(7) environmental 環境(かんきょう)の　□(8) comfortable 快適な

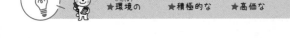

ヒント

★気づいて　★快適な　★期限が来て　★流通している
★環境(かんきょう)の　★積極的な　★高価な　★電気の

2 日本語に合うように，＿＿にあてはまる単語を答えましょう。

□(1) a temporary residence 仮の住まい

□(2) a homeless woman 家のない女性

□(3) an educational system 教育制度

□(4) a negative personality 消極的な性格

□(5) be confident in my cooking skills 料理の腕(うで)に自信がある

□(6) a tough job 困難な仕事

□(7) a harmful insect 害虫

□(8) a classic sign of influenza インフルエンザの典型的な症状(しょうじょう)

ヒント

★tough　★confident　★homeless　★temporary
★harmful　★educational　★classic　★negative

おぼえていなかった単語は**単語帳 74 ページ**にもどって，もういちど確認しよう。

33 とてもよく出る単語 形容詞⑥・副詞①

1 次の単語の意味をおぼえているか確認しましょう。

□(1) regularly 定期的に　□(2) sincerely 心から

□(3) recently 最近　□(4) originally もともと

□(5) therefore それゆえに　□(6) flexible 柔軟な

□(7) luckily 運よく　□(8) moreover その上

ヒント
★最近　★もともと　★定期的に　★その上
★運よく　★それゆえに　★心から　★柔軟な

2 日本語に合うように，(　　)内の適する単語を選びましょう。

□(1) an (atomic / **active**) volcano　活火山

□(2) (somehow / **somewhere**) around here　この辺りのどこかに

□(3) Mom is (**rather** / formerly) tired.　母はいくぶん疲れている。

□(4) He has been busy (**lately** / finally).　彼は最近忙しい。

□(5) His answer is (**probably** / rarely) correct.

彼の答えはたぶん正しい。

□(6) They were (**actually** / entirely) farmers.

彼らは実際には農業従事者だった。

□(7) Would you like coffee (indeed / **instead**)?

その代わりにコーヒーはいかがでしょうか。

□(8) (**Unfortunately** / Fortunately), I have no other choice.

不運にも私にはほかの選択肢がない。

おぼえていなかった単語は**単語帳 76 ページ**にもどって，もういちど確認しよう。

34 とてもよく出る単語 副詞②

1 次の単語の意味をおぼえているか確認しましょう。

□(1) nevertheless それにもかかわらず　□(2) further さらに

□(3) mostly ほとんど　□(4) properly 適切に

□(5) nowadays 近ごろは　□(6) meanwhile その間に

□(7) especially 特に　□(8) rapidly 急速に

★適切に　★急速に　★その間に　★近ごろは
★さらに　★特に　★それにもかかわらず　★ほとんど

2 日本語に合うように，___にあてはまる単語を答えましょう。

□(1) go downtown　町の中心部へ行く

□(2) use time efficiently　時間を効率的に使う

□(3) start immediately　直ちに始める

□(4) visit her frequently　彼女(かのじょ)をしばしば訪ねる

□(5) Ask her directly.　彼女に直接尋(たず)ねなさい。

□(6) be badly damaged　ひどく損傷を受けている

□(7) They eventually became extinct.　それらは結局絶滅(ぜつめつ)した。

□(8) Furthermore, we have the same taste.　その上，私たちは趣味(しゅみ)が合う。

★ furthermore　★ frequently　★ efficiently　★ downtown
★ directly　★ immediately　★ badly　★ eventually

おぼえていなかった単語は**単語帳 78 ページ**にもどって，もういちど確認しよう。

35 とてもよく出る単語 副詞③・前置詞

1 次の単語の意味をおぼえているか確認しましょう。

□(1) normally　通常は　□(2) except　～を除いては
□(3) extremely　極めて　□(4) unlike　～とは違って
□(5) poorly　貧しく　□(6) rarely　めったに～ない
□(7) indeed　本当に　□(8) within　～以内に

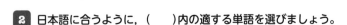

★めったに～ない　★～以内に　★貧しく　★極めて
★～を除いては　★通常は　★～とは違って　★本当に

2 日本語に合うように，(　　)内の適する単語を選びましょう。

□(1) (throughout / opposite) the meal　食事の間ずっと
□(2) (despite / during) her advice　彼女のアドバイスにもかかわらず
□(3) (temporarily / locally) produced goods　地元で生産された商品
□(4) know the date (exactly / initially)　正確に日付を知っている
□(5) spread (gradually / strictly)　徐々に広まる
□(6) (lately / nearly) miss the last train　もう少しで終電を逃すところだ
□(7) a (formerly / completely) different approach　完全に異なるやり方
□(8) an (automatically / environmentally) friendly vehicle　環境に優しい乗り物

おぼえていなかった単語は**単語帳 80 ページ**にもどって，もういちど確認しよう。

36 よく出る単語 動詞①

1 次の単語の意味をおぼえているか確認しましょう。

□(1) scan ～にざっと目を通す　□(2) respect ～を尊敬する

□(3) specialize 専門にする　□(4) lie 横になる

□(5) respond 返答する　□(6) achieve ～を達成する

□(7) translate ～を翻訳(ほんやく)する　□(8) reset ～をリセットする

★横になる　★返答する　★～を尊敬する　★～をリセットする
★～を達成する　★専門にする　★～にざっと目を通す　★～を翻訳(ほんやく)する

2 日本語に合うように，(　　)内の適する単語を選びましょう。

□(1) (earn / enroll) a lot of money　大金を稼(かせ)ぐ

□(2) (conflict / commit) a crime　罪を犯す

□(3) (deserve / observe) nature　自然を観察する

□(4) (lift / fix) a box　箱を持ち上げる

□(5) (upset / select) an answer　答えを選ぶ

□(6) (disappear / bear) completely　完全に見えなくなる

□(7) (tend / pretend) to eat too much　食べ過ぎる傾向(けいこう)がある

□(8) (relate / reserve) a table at a restaurant　レストランで席を予約する

おぼえていなかった単語は**単語帳 84 ページ**にもどって，もういちど確認しよう。

37 よく出る単語 動詞②

1 次の単語の意味をおぼえているか確認しましょう。

□(1) hide ～を隠す　　□(2) convert ～を変える

□(3) freeze ～を凍らせる　　□(4) amuse ～を楽しませる

□(5) advance ～を促進する　　□(6) react 反応する

□(7) progress 進歩[向上]する　　□(8) sail 航海[航行]する

ヒント
★～を凍らせる　★～を楽しませる　★進歩[向上]する　★反応する
★～を促進する　★～を変える　★航海[航行]する　★～を隠す

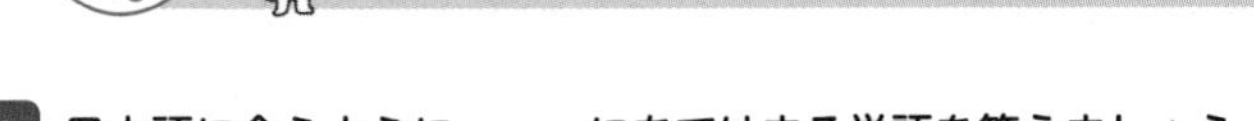

2 日本語に合うように，____にあてはまる単語を答えましょう。

□(1) consist of two countries　2つの国から成る

□(2) flow into the ocean　海に流れる

□(3) process fish in the factory　工場で魚を加工処理する

□(4) judge the performances fairly　公平に演技を審査する

□(5) bother you again　またあなたを困らせる

□(6) correct the answer　答えを訂正する

□(7) dig a big hole　大きい穴を掘る

□(8) insert the key into the lock　錠に鍵を挿入する

★judge　★flow　★bother　★correct
★insert　★process　★dig　★consist

おぼえていなかった単語は**単語帳 86 ページ**にもどって，もういちど確認しよう。

38 よく出る単語
動詞③

1 次の単語の意味をおぼえているか確認しましょう。

□(1) pollute ～を汚染(おせん)する　□(2) switch ～を交換(こうかん)する
□(3) assist ～を助ける　□(4) bend ～を曲げる
□(5) declare ～を宣言する　□(6) injure ～にけがをさせる
□(7) broadcast ～を放送する　□(8) overcome ～を克服(こくふく)する

ヒント
★～を宣言する　★～を交換(こうかん)する　★～を克服(こくふく)する　★～にけがをさせる
★～を汚染(おせん)する　★～を曲げる　★～を助ける　★～を放送する

2 日本語に合うように，(　　)内の適する単語を選びましょう。

□(1) (ban / **bake**) a cake　ケーキを焼く
□(2) (**imitate** / irritate) adults　大人をまねる
□(3) (**escape** / encounter) from the cage　おりから逃(に)げる
□(4) (invest / **investigate**) the case　その事件を調査する
□(5) (seek / **seal**) a letter　手紙に封(ふう)をする
□(6) (**combine** / compete) two elements　2つの要素を結び付ける
□(7) (restore / **establish**) a company　会社を設立する
□(8) (**vary** / upset) in size　サイズが異なる

おぼえていなかった単語は**単語帳 88 ページ**にもどって，もういちど確認しよう。

39 よく出る単語 動詞④

1 次の単語の意味をおぼえているか確認しましょう。

□(1) debate ～を討論する　□(2) roast ～を焼く

□(3) associate ～を結び付けて考える　□(4) rob ～から奪う

□(5) stretch ～を伸ばす　□(6) track ～をたどる

□(7) confuse ～を当惑させる　□(8) display ～を展示する

★～から奪う　★～を結び付けて考える　★～をたどる　★～を討論する
★～を当惑させる　★～を展示する　★～を伸ばす　★～を焼く

2 日本語に合うように，＿＿にあてはまる単語を答えましょう。

□(1) pour milk　牛乳を注ぐ

□(2) refund a deposit　敷金を払い戻す

□(3) weigh 50 kilos　50キロの重さがある

□(4) fold the laundry　洗濯物をたたむ

□(5) obtain permission　許可を得る

□(6) hate insects　虫を嫌う

□(7) sort animals by habitat　生息地によって動物を分類する

□(8) adapt myself to the new environment　新しい環境に自分自身を適応させる

★ sort　★ refund　★ hate　★ adapt
★ weigh　★ fold　★ obtain　★ pour

おぼえていなかった単語は**単語帳 90 ページ**にもどって，もういちど確認しよう。

よく出る単語

動詞⑤

1 次の単語の意味をおぼえているか確認しましょう。

□(1) betray　～を裏切る　　□(2) stir　～をかき混ぜる

□(3) exist　生存する　　□(4) delete　～を削除する

□(5) blame　～に責任を負わせる　　□(6) sink　沈む

□(7) boil　～をゆでる　　□(8) wipe　～を拭く

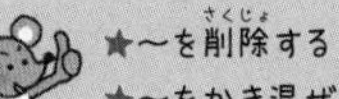

★～を削除する　★～を裏切る　★～に責任を負わせる　★沈む
★～をかき混ぜる　★～をゆでる　★～を拭く　★生存する

2 日本語に合うように，(　　)内の適する単語を選びましょう。

□(1) (**drown** / crash) in the river　川でおぼれ死ぬ

□(2) (**witness** / quit) a crime　犯罪を目撃する

□(3) (approach / **assume**) the worst　最悪の事態を想定する

□(4) (**restore** / exchange) stamina　体力を回復させる

□(5) (**convince** / compose) him that the story is true
彼にその話が真実であることを確信させる

□(6) (divide / **distinguish**) between dream and reality
夢と現実を区別する

□(7) (control / **enable**) us to work together
私たちが協力し合うことを可能にする

□(8) I (**bet** / bear) you will like it.
絶対あなたはそれを気に入ると確信します。

おぼえていなかった単語は**単語帳 92 ページ**にもどって，もういちど確認しよう。

41 よく出る単語 動詞⑥

1 次の単語の意味をおぼえているか確認しましょう。

□(1) scratch	～を(爪などで)かく	□(2) detect	～を検出する
□(3) pile	～を積み重ねる	□(4) interpret	～を解釈する
□(5) owe	～に…を借りている	□(6) settle	定住する
□(7) polish	～を磨く	□(8) march	行進する

ヒント
★～を検出する　★～を磨く　★～を(爪などで)かく　★行進する
★～を積み重ねる　★定住する　★～に…を借りている　★～を解釈する

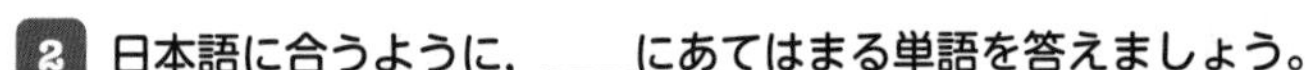

2 日本語に合うように，____にあてはまる単語を答えましょう。

□(1) refuse to accept the offer　その申し出を受けることを拒む

□(2) permit us to take photos　私たちが写真を撮ることを許可する

□(3) insist on her innocence　彼女の無実を強く主張する

□(4) utilize new technology　新しい科学技術を利用する

□(5) master Spanish　スペイン語を習得する

□(6) bloom in spring　春に咲く

□(7) irritate me　私をいらいらさせる

□(8) treasure my family　家族を大切にする

ヒント
★ permit　★ irritate　★ treasure　★ utilize
★ bloom　★ refuse　★ insist　★ master

おぼえていなかった単語は**単語帳 94 ページ**にもどって，もういちど確認しよう。

42 よく出る単語
動詞⑦

1 次の単語の意味をおぼえているか確認しましょう。

□(1) crash　衝突する
□(2) ban　～を禁止する
□(3) direct　～を監督する
□(4) divide　～を分ける
□(5) beat　～を打ち負かす
□(6) reflect　～を反映する
□(7) imply　～をほのめかす
□(8) sacrifice　～を犠牲にする

ヒント
★～を反映する　★～を犠牲にする　★～を分ける　★～を打ち負かす
★衝突する　★～を禁止する　★～を監督する　★～をほのめかす

2 日本語に合うように，(　　)内の適する単語を選びましょう。

□(1) (**install** / imitate) an air conditioner　エアコンを設置する
□(2) (focus / **force**) me to stay at home　私に家にいることを強いる
□(3) (sink / **float**) in the pool　プールに浮かぶ
□(4) (**decline** / deposit) gradually　徐々に衰退する
□(5) (make / **conclude**) a speech　スピーチを終える
□(6) (admire / **educate**) a child　子どもを教育する
□(7) (devote / **vote**) for the candidate　その候補者に投票する
□(8) (**confirm** / inform) your attendance at the meeting
会議への出席を確かめる

おぼえていなかった単語は**単語帳 96 ページ**にもどって，もういちど確認しよう。

43 よく出る単語 動詞⑧

1 次の単語の意味をおぼえているか確認しましょう。

□(1) admire	～を称賛(しょうさん)する	□(2) arrest	～を逮捕(たいほ)する
□(3) ease	～を和らげる	□(4) rebuild	～を改築する
□(5) commute	通勤[通学]する	□(6) construct	～を建設する
□(7) appeal	訴(うった)える	□(8) reverse	～を逆にする

★～を和らげる ★～を改築する ★～を称賛(しょうさん)する ★訴(うった)える
★～を逮捕(たいほ)する ★～を逆にする ★～を建設する ★通勤[通学]する

2 日本語に合うように，＿＿にあてはまる単語を答えましょう。

□(1) substitute honey for sugar はちみつを砂糖の代わりに用いる

□(2) confess to the crime 罪を白状する

□(3) define my goal 目標を明確に示す

□(4) reuse paper 紙を再利用する

□(5) launch a rocket into space 宇宙にロケットを発射する

□(6) feature local cafés on TV テレビで地元のカフェを特集する

□(7) tolerate hot weather 暑い天気に耐(た)える

□(8) stock a wide variety of goods さまざまな商品を店に置いている

★ reuse ★ define ★ stock ★ tolerate
★ feature ★ confess ★ substitute ★ launch

おぼえていなかった単語は**単語帳 98 ページ**にもどって，もういちど確認しよう。

よく出る単語
動詞⑨・名詞①

1 次の単語の意味をおぼえているか確認しましょう。

□(1) truck トラック　　□(2) tail しっぽ
□(3) duty 義務　　□(4) receipt 領収書
□(5) structure 構造　　□(6) attraction 魅力（みりょく）
□(7) literature 文学　　□(8) weapon 兵器

ヒント
★構造　★トラック　★兵器　★魅力（みりょく）
★領収書　★しっぽ　★文学　★義務

2 日本語に合うように，（　）内の適する単語を選びましょう。

□(1) (inspire / insist) me a lot　とても私を奮い立たせる
□(2) (cough / sneeze) due to dust　ほこりで咳（せき）をする
□(3) (refer / differ) from others　ほかの人たちとは違（ちが）う
□(4) have good (sight / strength)　視力がよい
□(5) a (factor / fact) in global warming　地球温暖化の要因
□(6) a (rehearsal / review) of the evidence　証拠（しょうこ）の再調査
□(7) a film (option / version) of the novel　小説の映画版
□(8) a strong (link / mood) between the two nations
2国間の強いつながり

おぼえていなかった単語は**単語帳 100 ページ**にもどって，もういちど確認しよう。

45 よく出る単語 名詞②

1 次の単語の意味をおぼえているか確認しましょう。

□(1) profit 利益　□(2) growth 成長
□(3) skin 肌（はだ）　□(4) influence 影響（えいきょう）
□(5) trend 傾向（けいこう）　□(6) fear 恐れ（おそ）
□(7) standard 基準　□(8) board 委員会

ヒント
★傾向（けいこう）　★肌（はだ）　★利益　★成長
★基準　★恐れ（おそ）　★委員会　★影響（えいきょう）

2 日本語に合うように，＿＿にあてはまる単語を答えましょう。

□(1) an accident ＿scene＿ 事故現場
□(2) accomplish my ＿purpose＿ 目的を達する
□(3) a traffic ＿signal＿ 交通信号
□(4) a ＿contract＿ of employment 雇用契約（こようけいやく）
□(5) a multicultural ＿society＿ 多文化社会
□(6) a wide ＿range＿ of interests 広い範囲（はんい）の興味
□(7) a local ＿custom＿ その土地の慣習
□(8) ＿communication＿ between team members
チームのメンバー間での意思の疎通（そつう）

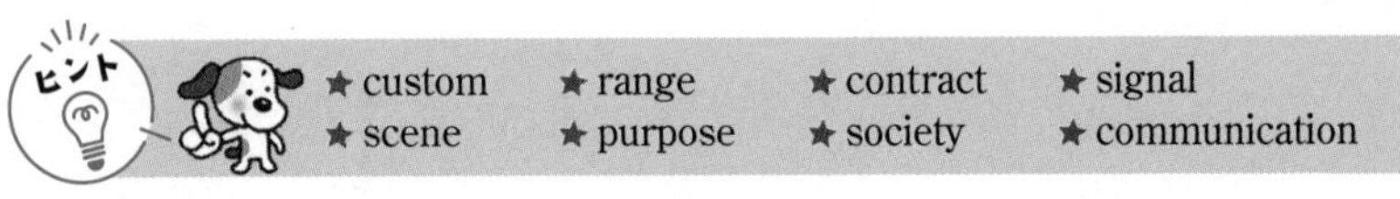

ヒント
★custom ★range ★contract ★signal
★scene ★purpose ★society ★communication

おぼえていなかった単語は**単語帳 102 ページ**にもどって，もういちど確認しよう。

46 よく出る単語 名詞③

1 次の単語の意味をおぼえているか確認しましょう。

□(1) length 長さ　□(2) layer 層
□(3) laboratory 研究室　□(4) journey 旅行
□(5) league リーグ　□(6) evolution 進化
□(7) gap すき間　□(8) instinct 本能

ヒント ★旅行 ★リーグ ★研究室 ★層 ★進化 ★長さ ★すき間 ★本能

2 日本語に合うように，(　　)内の適する単語を選びましょう。

□(1) a (motion / function) of muscles 筋肉の機能
□(2) a (mood / series) of events 一連の出来事
□(3) go down to the (basement / soil) 地階へ降りる
□(4) support the (theory / target) その仮説を支持する
□(5) (nylon / trend) socks ナイロンくつ下
□(6) do a difficult (tax / task) 困難な任務を行う
□(7) a (practice / recipe) for curry カレーのレシピ
□(8) a (mixture / harm) of flour and sugar 小麦粉と砂糖を混ぜたもの

おぼえていなかった単語は**単語帳 104 ページ**にもどって，もういちど確認しよう。

47

よく出る単語
名詞④

1 次の単語の意味をおぼえているか確認しましょう。

□(1) figure　数字　□(2) citizen　国民
□(3) authority　当局　□(4) option　選択の自由
□(5) pedestrian　歩行者　□(6) wealth　財産
□(7) symbol　象徴　□(8) barrier　障壁

★障壁　★歩行者　★数字　★国民
★当局　★象徴　★財産　★選択の自由

2 日本語に合うように，＿＿にあてはまる単語を答えましょう。

□(1) today's weather ＿forecast＿ 本日の天気予報
□(2) perform an ＿operation＿ 手術を行う
□(3) a great English ＿scholar＿ 偉大な英語学者
□(4) a famous ＿architect＿ 有名な建築家
□(5) bite my ＿tongue＿ by mistake 誤って舌を噛む
□(6) get ＿permission＿ to use the photo その写真を使う許可を得る
□(7) beautiful ＿scenery＿ 美しい風景
□(8) on the ＿occasion＿ of her sixth birthday 彼女の６歳の誕生日の時に

★ scenery　★ operation　★ architect　★ tongue
★ permission　★ forecast　★ scholar　★ occasion

おぼえていなかった単語は**単語帳 106 ページ**にもどって，もういちど確認しよう。

48 よく出る単語
名詞⑤

1 次の単語の意味をおぼえているか確認しましょう。

□(1) emergency 非常の場合　□(2) shark サメ

□(3) reality 現実　□(4) fat 脂肪（しぼう）

□(5) lack 不足　□(6) blood 血

□(7) organ 臓器　□(8) section 部門

★非常の場合　★臓器　★脂肪（しぼう）　★血
★サメ　★部門　★現実　★不足

2 日本語に合うように，(　　)内の適する単語を選びましょう。

□(1) a deep (value / (valley))　深い谷

□(2) the ((entrance) / gallery) of the cave　洞窟（どうくつ）の入り口

□(3) live in the (background / (countryside))　田舎（いなか）で暮らす

□(4) take a ((step) / nap) forward　1歩前進する

□(5) an (effort / (improvement)) in quality　質の改善

□(6) give him further (fees / (instructions))　彼（かれ）にさらなる指示を与（あた）える

□(7) make the right ((choice) / branch)　正しい選択（せんたく）をする

□(8) have an (expert / (impact)) on the environment　環境（かんきょう）に影響（えいきょう）を与える

おぼえていなかった単語は**単語帳 108 ページ**にもどって，もういちど確認しよう。

49 よく出る単語
名詞⑥

1 次の単語の意味をおぼえているか確認しましょう。

□(1) highway 幹線道路　□(2) mineral ミネラル
□(3) package 包み　□(4) navy 海軍
□(5) insurance 保険　□(6) trick 芸当
□(7) nation 国家　□(8) luxury ぜいたく品

★海軍　★ミネラル　★幹線道路　★芸当
★国家　★包み　★保険　★ぜいたく品

2 日本語に合うように，＿＿にあてはまる単語を答えましょう。

□(1) reach my destination 目的地に到着(とうちゃく)する
□(2) read a picture book in translation 翻訳(ほんやく)で絵本を読む
□(3) a threat to world peace 世界平和への脅威(きょうい)
□(4) bad behavior 悪い振(ふ)る舞(ま)い
□(5) be on a diet ダイエット中である
□(6) a traffic jam 交通渋滞(こうつうじゅうたい)
□(7) a stamp collection 切手収集
□(8) have surgery on my eye 目の手術を受ける

★destination　★jam　★threat　★behavior
★translation　★diet　★surgery　★collection

おぼえていなかった単語は**単語帳 110 ページ**にもどって，もういちど確認しよう。

50

よく出る単語

名詞⑦

1 次の単語の意味をおぼえているか確認しましょう。

□(1) rhythm リズム　　□(2) identity 身元

□(3) aisle 通路　　□(4) anniversary 記念日

□(5) suburb 郊外（こうがい）　　□(6) cancer がん

□(7) scar 傷跡（きずあと）　　□(8) foundation 基礎（きそ）

★郊外（こうがい）　★リズム　★記念日　★通路
★基礎（きそ）　★傷跡（きずあと）　★身元　★がん

2 日本語に合うように，(　)内の適する単語を選びましょう。

□(1) major in (economics / electronics) 経済学を専攻（せんこう）する

□(2) go on a (cruise / clue) 船旅に出かける

□(3) renewable (receipts / resources) 再生可能な資源

□(4) my place of (birth / vase) 出生地

□(5) bend (wire / wage) 針金を曲げる

□(6) the first (shortage / semester) 1学期

□(7) a (branch / gap) manager 支店長

□(8) rich (soil / flood) 肥沃（ひよく）な土壌（どじょう）

▷ おぼえていなかった単語は**単語帳 112 ページ**にもどって，もういちど確認しよう。

51 よく出る単語 名詞⑧

1 次の単語の意味をおぼえているか確認しましょう。

□(1) gravity	重力	□(2) trial	裁判
□(3) applause	拍手	□(4) extinction	絶滅
□(5) physics	物理学	□(6) principal	校長
□(7) convenience	好都合	□(8) shot	発砲

★校長 ★絶滅 ★物理学 ★重力
★発砲 ★好都合 ★裁判 ★拍手

2 日本語に合うように，＿＿にあてはまる単語を答えましょう。

□(1) a landscape painter 風景画家

□(2) encourage agriculture 農業を奨励する

□(3) an endangered species 絶滅危惧種

□(4) share hardship with them 彼らと苦難を共にする

□(5) in the field of nutrition 栄養学の分野で

□(6) a birth certificate 出生証明書

□(7) the court of justice 裁判所

□(8) have a large proportion of women 女性の割合が大きい

★ agriculture ★ hardship ★ proportion ★ justice
★ landscape ★ nutrition ★ certificate ★ species

おぼえていなかった単語は**単語帳 114 ページ**にもどって，もういちど確認しよう。

52 よく出る単語 名詞⑨

1 次の単語の意味をおぼえているか確認しましょう。

□(1) oxygen 酸素　□(2) jewelry 宝石類
□(3) sample 見本　□(4) lawyer 弁護士
□(5) assistant 助手　□(6) territory 領土
□(7) development 発展
□(8) recommendation 推薦(すいせん)

★見本　★宝石類　★助手　★領土
★発展　★推薦(すいせん)　★酸素　★弁護士

2 日本語に合うように，(　　)内の適する単語を選びましょう。

□(1) a distant (relative / evidence) of hers　彼女(かのじょ)の遠い親戚(しんせき)
□(2) get a (background / promotion)　昇進(しょうしん)する
□(3) an electric (blanket / equipment)　電気毛布
□(4) do (housework / fireworks)　家事をする
□(5) the French (Revolution / Organization)　フランス革命
□(6) despite her (tricks / faults)　彼女の欠点にもかかわらず
□(7) at a (rate / section) of 37 miles per hour　毎時 37 マイルの速度で
□(8) take a lot of (statements / supplements)　たくさんのサプリメントをとる

53 よく出る単語 名詞⑩

1 次の単語の意味をおぼえているか確認しましょう。

□(1) vegetarian ベジタリアン　□(2) screen 画面

□(3) mess 取り散らかしたもの　□(4) historian 歴史学者

□(5) counter カウンター　□(6) steel 鋼鉄

□(7) banking 銀行業　□(8) chess チェス

ヒント
★鋼鉄 ★歴史学者 ★ベジタリアン ★画面
★カウンター ★銀行業 ★取り散らかしたもの ★チェス

2 日本語に合うように，____にあてはまる単語を答えましょう。

□(1) commit a grave error 重大な誤りを犯す

□(2) modern civilization 近代文明

□(3) seal an envelope 封筒に封をする

□(4) just for my amusement ただ娯楽のために

□(5) a member of an orchestra オーケストラの一員

□(6) apply for a loan ローンを申し込む

□(7) attach a label to the bottle びんにラベルをはる

□(8) a ray of sunlight 太陽光線

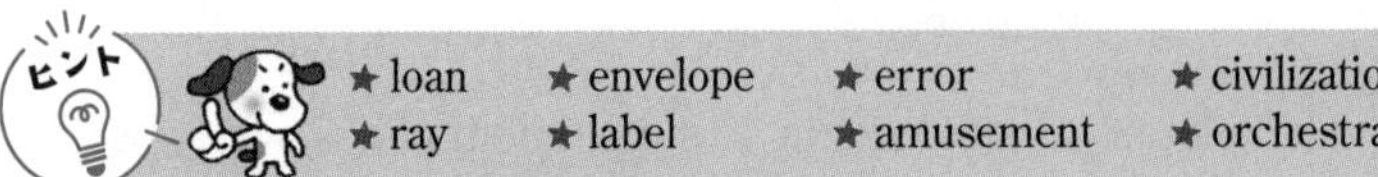

ヒント
★ loan ★ envelope ★ error ★ civilization
★ ray ★ label ★ amusement ★ orchestra

おぼえていなかった単語は**単語帳 118 ページ**にもどって，もういちど確認しよう。

54 よく出る単語 名詞⑪

1 次の単語の意味をおぼえているか確認しましょう。

□(1) frame　額縁（がくぶち）
□(2) storage　貯蔵
□(3) budget　予算
□(4) disadvantage　不利な立場
□(5) quantity　量
□(6) wheel　車輪
□(7) coal　石炭
□(8) aluminum　アルミニウム

ヒント
★予算　★アルミニウム　★不利な立場　★貯蔵
★量　★車輪　★石炭　★額縁（がくぶち）

2 日本語に合うように，(　　)内の適する単語を選びましょう。

□(1) the (accuracy / article) of data　データの正確さ
□(2) an online (network / database)　オンラインデータベース
□(3) a business (reality / rival)　商売上の競争相手
□(4) catch (influenza / influence)　インフルエンザにかかる
□(5) the (ceiling / edge) of a cup　カップの縁（ふち）
□(6) leave her (fingerprints / appointments)　彼女（かのじょ）の指紋（しもん）を残す
□(7) feel deep (affection / location) for each other　おたがいに深い愛情を抱（いだ）く
□(8) the exact (tradition / definition) of the word　その単語の正確な定義

おぼえていなかった単語は**単語帳 120 ページ**にもどって，もういちど確認しよう。

55 よく出る単語
名詞⑫・形容詞①

1 次の単語の意味をおぼえているか確認しましょう。

□(1) unique 独特の　□(2) border 国境
□(3) actual 実際の　□(4) property 財産
□(5) illustration 挿絵（さしえ）　□(6) physical 身体の
□(7) luggage 手荷物　□(8) fiction フィクション

★手荷物　★財産　★国境　★挿絵（さしえ）
★独特の　★フィクション　★実際の　★身体の

2 日本語に合うように，____にあてはまる単語を答えましょう。

□(1) do the laundry 洗濯（せんたく）をする
□(2) shoot a documentary ドキュメンタリーを撮（と）る
□(3) cry for joy 喜びのあまり泣く
□(4) a person of high social status 社会的地位の高い人
□(5) a winding path 曲がりくねった小道
□(6) a literary critic 文芸批評家
□(7) have good eyesight 視力がよい
□(8) a unit of time 時間の単位

★ path　★ critic　★ laundry　★ documentary
★ status　★ eyesight　★ joy　★ unit

おぼえていなかった単語は**単語帳 122 ページ**にもどって，もういちど確認しよう。

56 よく出る単語 形容詞②

1 次の単語の意味をおぼえているか確認しましょう。

□(1) double　二重の　　□(2) crowded　混み合った

□(3) personal　個人の　　□(4) either　どちらの～でも

□(5) frequent　頻繁な　　□(6) accurate　正確な

□(7) complicated　複雑な　　□(8) urban　都会の

★二重の　★混み合った　★都会の　★頻繁な
★複雑な　★どちらの～でも　★個人の　★正確な

2 日本語に合うように，(　　)内の適する単語を選びましょう。

□(1) in (annual / general) use　一般的に使われて

□(2) (delicate / tiny) objects　とても小さな物体

□(3) (artificial / artistic) intelligence　人工知能

□(4) the (exact / entire) time　正確な時間

□(5) (fragile / casual) clothes　カジュアルな服装

□(6) (scientific / characteristic) research　科学研究

□(7) (economical / financial) crisis　財政危機

□(8) turn (giant / violent)　暴力的になる

おぼえていなかった単語は**単語帳 124 ページ**にもどって，もういちど確認しよう。

57 よく出る単語 形容詞③

1 次の単語の意味をおぼえているか確認しましょう。

□(1) enormous ばく大な　□(2) generous 気前のよい

□(3) religious 宗教の　□(4) historic 歴史的な

□(5) incorrect 間違(まちが)った　□(6) newborn 生まれたばかりの

□(7) mysterious 神秘的な　□(8) scary 怖(こわ)い

★怖(こわ)い　★間違(まちが)った　★神秘的な　★宗教の
★ばく大な　★気前のよい　★生まれたばかりの　★歴史的な

2 日本語に合うように，____にあてはまる単語を答えましょう。

□(1) a brilliant achievement 立派な業績

□(2) an advantage of rural life 田舎(いなか)の生活の利点

□(3) an evil character 悪役

□(4) a royal wedding 王室の結婚式(けっこんしき)

□(5) have a specific aim in life 人生の具体的な目標をもつ

□(6) a potential problem 潜在的(せんざいてき)な問題

□(7) feel guilty about doing nothing 何もしないことに罪悪感をおぼえる

□(8) the overall schedule of the day その日の全体的なスケジュール

★brilliant　★evil　★overall　★potential
★guilty　★rural　★specific　★royal

おぼえていなかった単語は**単語帳 126 ページ**にもどって，もういちど確認しよう。

58 よく出る単語

形容詞④・副詞①

1 次の単語の意味をおぼえているか確認しましょう。

□(1) capable 有能な
□(2) classical 古典的な
□(3) independent 独立した
□(4) formal 正式の
□(5) appropriate 適切な
□(6) previous 先の
□(7) historical 歴史に関する
□(8) extinct 絶滅(ぜつめつ)した

★正式の ★歴史に関する ★先の ★絶滅(ぜつめつ)した
★有能な ★古典的な ★適切な ★独立した

2 日本語に合うように，(　　)内の適する単語を選びましょう。

□(1) explain (simply / frequently) 簡単に説明する
□(2) (spare / flexible) parts 予備の部品
□(3) a (significant / rough) estimate 大まかな見積もり
□(4) the (farther / tiny) shore 向こう岸
□(5) make an (overall / obvious) error 明らかな間違(まちが)いをする
□(6) at a (reasonable / commercial) price 手ごろな価格で
□(7) the (odd / opposite) side 反対側
□(8) (contrary / minimum) opinions 反対の意見

おぼえていなかった単語は**単語帳 128 ページ**にもどって，もういちど確認しよう。

59 よく出る単語 副詞②

1 次の単語の意味をおぼえているか確認しましょう。

□(1) fairly かなり　□(2) besides その上
□(3) occasionally 時おり　□(4) traditionally 伝統的に
□(5) differently 異なって　□(6) freely 自由に
□(7) closely 綿密に　□(8) politely 礼儀正しく

ヒント
★伝統的に　★時おり　★かなり　★礼儀正しく
★異なって　★自由に　★その上　★綿密に

2 日本語に合うように，____にあてはまる単語を答えましょう。

□(1) divide the pizza equally　ピザを等しく分ける
□(2) an increasingly complex world　ますます複雑化する世界
□(3) Perhaps she is angry.　たぶん彼女は怒っている。
□(4) Currently, he is studying abroad.　現在，彼は留学中だ。
□(5) I can sleep anywhere.　私はどこででも眠ることができる。
□(6) I can hardly hear you.
私にはきみの言うことがほとんど聞こえない。
□(7) This book is definitely useful to students.
この本は間違いなく生徒に有益だ。
□(8) Hurry up, otherwise you'll miss the bus.
急ぎなさい，そうでなければバスに乗り遅れるよ。

ヒント
★ currently　★ perhaps　★ equally　★ increasingly
★ definitely　★ otherwise　★ hardly　★ anywhere

おぼえていなかった単語は**単語帳 130 ページ**にもどって，もういちど確認しよう。

60 よく出る単語
副詞③・前置詞・接続詞

1 次の単語の意味をおぼえているか確認しましょう。

□(1) separately 別々に　□(2) though ～だけれども
□(3) possibly たぶん　□(4) overnight 一晩中
□(5) whether ～かどうか　□(6) while ～している間に
□(7) once いったん～すると　□(8) plus ～を加えて

★～だけれども ★～している間に ★別々に ★一晩中
★～かどうか ★いったん～すると ★～を加えて ★たぶん

2 日本語に合うように，____にあてはまる単語を答えましょう。

□(1) work overtime 時間外に働く
□(2) grow healthily 健康的に育つ
□(3) a naturally gifted artist 生まれつき才能のある芸術家
□(4) be commonly known 一般(いっぱん)に知られている
□(5) I am terribly tired. 私はひどく疲(つか)れている。
□(6) It's raining heavily. 雨が激しく降っている。
□(7) Neither you nor I am wrong. あなたも私もどちらも悪くない。
□(8) It comes to 10,000 yen altogether. 全部で 10,000 円になる。

★ altogether ★ neither ★ terribly ★ overtime
★ healthily ★ naturally ★ commonly ★ heavily

おぼえていなかった単語は**単語帳 132 ページ**にもどって，もういちど確認しよう。

61 とてもよく出る熟語
動詞の働きをする熟語①

1 次の熟語の意味をおぼえているか確認しましょう。

□(1) be based on ～ ～に基づいている
□(2) lead to ～ ～につながる
□(3) work on ～ ～に取り組む
□(4) be likely to *do* ～しそうである
□(5) set up ～ ～を設置する
□(6) sign up for ～ ～に加入する
□(7) come up with ～ ～を思いつく
□(8) get to *do* ～するようになる

ヒント
★～に取り組む ★～しそうである ★～を思いつく
★～につながる ★～に基づいている ★～を設置する
★～するようになる ★～に加入する

2 ［　］に単語をあてはめて熟語を完成させましょう。

□(1) This device turns garbage into rich soil.
この装置は生ごみを肥沃(ひよく)な土に変える。

□(2) She is suffering from cancer.
彼女(かのじょ)はがんを患(わずら)っている。

□(3) The police prevented the man from leaving.
警察は男が立ち去るのを防いだ。

□(4) She applied for a college scholarship.
彼女は大学の奨学金(しょうがくきん)を申(もう)し込(こ)んだ。

□(5) I rely on my parents for my school expenses.
私は学費を両親に頼(たよ)っている。

□(6) My father allowed me to go to the concert alone.
父は私が1人でコンサートに行くのを許した。

おぼえていなかった熟語は**単語帳 136 ページ**にもどって，もういちど確認しよう。

62 とてもよく出る熟語 動詞の働きをする熟語②

1 次の熟語の意味をおぼえているか確認しましょう。

□(1) check in　　搭乗手続きをする
□(2) encourage ～ to *do*　　～に…するよう促す[励ます]
□(3) attach ～ to ...　　～を…につける
□(4) do away with ～　　～を廃止する
□(5) consist of ～　　～から成る
□(6) get along with ～　　～とうまくやっていく
□(7) be related to ～　　～と関連している
□(8) be capable of *doing*　　～することができる

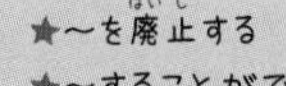

★～を廃止する　★～とうまくやっていく　★～と関連している
★～することができる　★～を…につける　★搭乗手続きをする
★～から成る　★～に…するよう促す[励ます]

2 ［　］に単語をあてはめて熟語を完成させましょう。

□(1) We [deal] [with] customer complaints.
私たちは顧客からのクレームを処理している。

□(2) We need to [carry] [out] this plan.
私たちはこの計画を実行する必要がある。

□(3) I was in trouble because my car [broke] [down].
車が故障したので，私は困ってしまった。

□(4) I believe the truth will soon [come] [out].
私は真実がすぐに明らかになると思う。

□(5) They [got] [rid] [of] some old chairs.
彼らはいくつかの古い椅子を取り除いた。

□(6) Improvements in the work environment will [result] [in] better performance.　労働環境の改善はよりよい業績をもたらすだろう。

おぼえていなかった熟語は**単語帳 138 ページ**にもどって，もういちど確認しよう。

63 とてもよく出る熟語

動詞の働きをする熟語③

1 次の熟語の意味をおぼえているか確認しましょう。

□(1) be aware of ～　～に気づいている

□(2) run out of ～　～を使い果たす

□(3) live on ～　～(の額)の収入で生活する

□(4) be concerned about ～　～を心配している

□(5) turn in ～　～を提出する

□(6) provide ～ with ...　～に…を提供する

□(7) be about to *do*　(今にも)～しようとしている

□(8) tend to *do*　～しがちである

★～に気づいている　★～を心配している　★～を提出する
★～に…を提供する　★～(の額)の収入で生活する　★～を使い果たす
★～しがちである　★(今にも)～しようとしている

2 日本語に合うように，(　　)内の適する熟語を選びましょう。

□(1) Please (pass away / refer to) page 11.
11ページを参照してください。

□(2) (Hand in / Set up) your report by Friday.
金曜日までに報告書を提出しなさい。

□(3) It (turned out to be / got along with) a real diamond.
それは本物のダイヤモンドだとわかった。

□(4) I don't think this plan will (work out / show off).
私はこの計画がうまくいくとは思わない。

□(5) Please (look over / look up to) this document by three.
3時までにこの書類に目を通してください。

□(6) Tom resigned and Emma (lay down / took over) his position.
トムが辞めてエマが彼(かれ)の職を引(ひ)き継(つ)いだ。

おぼえていなかった熟語は**単語帳140ページ**にもどって，もういちど確認しよう。

64 とてもよく出る熟語
動詞の働きをする熟語④

1 次の熟語の意味をおぼえているか確認しましょう。

□(1) manage to *do* 何とかして～する

□(2) keep *one's* word 約束を守る

□(3) end up *doing* 最後には～することになる

□(4) keep up with ～ ～に遅(おく)れずについていく

□(5) log in to ～ ～にログインする

□(6) look up to ～ ～を尊敬する

□(7) make up for ～ ～の埋(う)め合(あ)わせをする

□(8) be involved in ～ ～に関わっている

★～に遅(おく)れずについていく ★～にログインする ★～を尊敬する
★～の埋(う)め合(あ)わせをする ★何とかして～する ★約束を守る
★最後には～することになる ★～に関わっている

2 ［　］に単語をあてはめて熟語を完成させましょう。

□(1) You can count on me anytime.
いつだって私を頼(たよ)りにしていいよ。

□(2) The movie brought in a lot of money.
その映画は大金をもたらした。

□(3) Please fill out that form and submit it here.
その書類に記入してこちらへ提出してください。

□(4) I looked through the notes he had written.
私は彼(かれ)が書いたメモにざっと目を通した。

□(5) I came across this letter in the drawer.
私は引き出しの中でこの手紙を偶然(ぐうぜん)見つけた。

□(6) Please bring back three books to the library.
図書館に 3 冊の本を返してください。

▷ おぼえていなかった熟語は**単語帳 142 ページ**にもどって，もういちど確認しよう。

65 とてもよく出る熟語 動詞の働きをする熟語⑤

1 次の熟語の意味をおぼえているか確認しましょう。

□(1) take away ～　～を持ち[運び]去る
□(2) stare at ～　～をじっと見つめる
□(3) be satisfied with ～　～に満足している
□(4) be responsible for ～　～の責任がある
□(5) cause ～ to *do*　～を…させる(原因となる)
□(6) cut down on ～　～を減らす
□(7) concentrate on ～　～に集中する
□(8) stop ～ from *doing*　～が…するのをやめさせる

★～に集中する　★～をじっと見つめる　★～を減らす
★～を持ち[運び]去る　★～に満足している　★～の責任がある
★～が…するのをやめさせる　★～を…させる(原因となる)

2 日本語に合うように，(　　)内の適する熟語を選びましょう。

□(1) I'll (stop by / get by) on my way home.
帰宅途中にちょっと立ち寄るよ。

□(2) The professor (pointed out / signed out) errors in the data.
教授はデータの誤りを指摘した。

□(3) I (checked out / cared for) of the hotel at ten.
私は 10 時にホテルをチェックアウトした。

□(4) I (brought in / ran into) my aunt in front of the station.
私は駅前でおばに偶然出会った。

□(5) He (takes after / hands in) his father.
彼は父親に似ている。

□(6) I want to learn how to (cope with / cut off) stress.
私はストレスをうまく処理する方法を学びたい。

おぼえていなかった熟語は**単語帳 144 ページ**にもどって，もういちど確認しよう。

66 とてもよく出る熟語 動詞の働きをする熟語⑥

1 次の熟語の意味をおぼえているか確認しましょう。

□(1) persuade ～ to *do* ～を…するように説得する

□(2) take ～ for granted ～を当然のことと考える

□(3) account for ～ ～(の理由)を説明する

□(4) find a way to *do* ～する方法を見つける

□(5) be anxious about ～ ～のことを心配している

□(6) get over ～ ～から回復する

□(7) sell out 売り切れる

□(8) stick to ～ (約束など)を守る

★～(の理由)を説明する ★～する方法を見つける ★(約束など)を守る
★～のことを心配している ★～を当然のことと考える ★売り切れる
★～を…するように説得する ★～から回復する

2 ［ ］に単語をあてはめて熟語を完成させましょう。

□(1) Just drop in when you come this way.
こっちに来たときはちょっと立ち寄ってね。

□(2) I figured out how to open this box.
私はこの箱の開け方がわかった。

□(3) Dinosaurs died out tens of millions of years ago.
恐竜(きょうりゅう)は数千万年前に死滅(しめつ)した。

□(4) Look up these new words in the dictionary.
これらの新しい単語を辞書で調べなさい。

□(5) "IT" stands for Information Technology.
IT は Information Technology を表す。

□(6) This jacket goes with my blue pants.
このジャケットは私の青いズボンと合う。

おぼえていなかった熟語は**単語帳 146 ページ**にもどって，もういちど確認しよう。

67 とてもよく出る熟語 動詞の働きをする熟語⑦

1 次の熟語の意味をおぼえているか確認しましょう。

□(1) enable ～ to *do* ～が…するのを可能にする
□(2) lay off ～ ～を解雇(かいこ)する
□(3) make use of ～ ～を利用[活用]する
□(4) go through ～ ～を経験する
□(5) make sense 道理にかなう
□(6) speak up もっと大きな声で話す
□(7) agree to *do* ～することに同意する
□(8) prefer to *do* ～する方をより好む

★道理にかなう ★～する方をより好む ★～することに同意する
★もっと大きな声で話す ★～を経験する ★～を利用[活用]する
★～を解雇(かいこ)する ★～が…するのを可能にする

2 日本語に合うように，(　　)内の適する熟語を選びましょう。

□(1) They decided to (figure out / carry on) their family business.
彼(かれ)らは家業を続けることに決めた。

□(2) She told her son to (settle down / drop out).
彼女(かのじょ)は息子に落ち着くように言った。

□(3) (Keep off / Come out) the beach at night.
夜間は浜辺(はまべ)に近寄らないで。

□(4) Let's (come by / pick out) the best of several suggestions.
いくつかの提案から最良のものを選び出そう。

□(5) He (cares for / brings up) his elderly mother.
彼は高齢(こうれい)の母親の世話をしている。

□(6) Please (take advantage of / get rid of) your chance to win a gift! プレゼント獲得(かくとく)のチャンスをご利用ください！

おぼえていなかった熟語は**単語帳 148 ページ**にもどって，もういちど確認しよう。

68 とてもよく出る熟語

動詞の働きをする熟語⑧

1 次の熟語の意味をおぼえているか確認しましょう。

□(1) use up 〜	〜を使い果たす
□(2) amount to 〜	総計で〜に達する
□(3) be reluctant to *do*	〜することに気が進まない
□(4) be said to be 〜	〜だと言われている
□(5) accuse 〜 of ...	〜を…のことで非難[告訴]する
□(6) be willing to *do*	進んで〜する
□(7) be made up of 〜	〜で成り立っている
□(8) specialize in 〜	〜を専門に扱う

★総計で〜に達する ★〜を使い果たす ★進んで〜する
★〜で成り立っている ★〜を専門に扱う ★〜することに気が進まない
★〜だと言われている ★〜を…のことで非難[告訴]する

2 □に単語をあてはめて熟語を完成させましょう。

□(1) I have gotten[got] used to my new home.
私は新しい住まいに慣れた。

□(2) My task is to take notes during the meeting.
私の仕事は会議中にメモを取ることだ。

□(3) I am sick of your complaints.
私はあなたの愚痴にうんざりしている。

□(4) The robbers broke into the bank at midnight.
強盗は真夜中に銀行へ押し入った。

□(5) This architecture is typical of the era.
この建築はその時代に典型的である。

□(6) The professor was familiar with African languages.
教授はアフリカの言語に精通していた。

おぼえていなかった熟語は**単語帳 150 ページ**にもどって，もういちど確認しよう。

69

とてもよく出る熟語

動詞の働きをする熟語⑨

1 次の熟語の意味をおぼえているか確認しましょう。

□(1) hold the line　電話を切らずに待つ

□(2) head for ～　～に向かう

□(3) go along with ～　～を支持する

□(4) have second thoughts　考え直す

□(5) bring down ～　～を下げる

□(6) call off ～　～を中止する

□(7) bring up ～　～を育てる

□(8) go over ～　～を見返す

ヒント
★～に向かう　★～を下げる　★電話を切らずに待つ
★～を中止する　★考え直す　★～を育てる
★～を見返す　★～を支持する

2 日本語に合うように，(　　)内の適する熟語を選びましょう。

□(1) My son (**dropped out** / made use) of college.
息子は大学を退学した。

□(2) An alarm warning of danger (**went off** / put off).
危険を知らせる警報が鳴った。

□(3) She (made up / **hung up**) without saying goodbye.
彼女(かのじょ)はさよならも言わずに電話を切った。

□(4) We should (**call in** / call off) experts for this job.
私たちはこの仕事に専門家(せんもんか)を呼ぶべきだ。

□(5) Bad weather (**brought about** / consisted of) famine.
悪天候が飢饉(ききん)を招いた。

□(6) War (figured out / **broke out**) between the two countries.
２国間で戦争が勃発(ぼっぱつ)した。

おぼえていなかった熟語は**単語帳 152 ページ**にもどって，もういちど確認しよう。

70 とてもよく出る熟語 その他の熟語①

1 次の熟語の意味をおぼえているか確認しましょう。

□(1) even though ～ ～であるけれども

□(2) up to ～ ～次第で

□(3) so far 今までのところ

□(4) a variety of ～ さまざまな～

□(5) according to ～ ～によれば

□(6) rather than ～ ～よりもむしろ

□(7) in addition to ～ ～に加えて

□(8) no longer もはや～ない

★～によれば ★今までのところ ★～よりもむしろ
★～次第で ★もはや～ない ★さまざまな～
★～に加えて ★～であるけれども

2 ［　］に単語をあてはめて熟語を完成させましょう。

□(1) Except for John, nobody in his family speaks Japanese.
ジョンを除いて，家族のだれも日本語を話さない。

□(2) Her opinion was to the point.
彼女の意見は的を射ていた。

□(3) It is very hot, and on top of that, it is humid.
とても暑く，それに加えて湿度（しつど）が高い。

□(4) They went to Kagawa by way of Okayama.
彼（かれ）らは岡山経由で香川へ行った。

□(5) You may talk here as long as you don't speak loudly.
大きな声を出さない限りはここで話してもいいですよ。

□(6) I cannot try anything new for fear of failure.
私は失敗を恐（おそ）れて何も新しいことに挑戦（ちょうせん）することができない。

おぼえていなかった熟語は**単語帳 154 ページ**にもどって，もういちど確認しよう。

71 とてもよく出る熟語

その他の熟語②

1 次の熟語の意味をおぼえているか確認しましょう。

□(1) in other words　言い換えれば

□(2) a wide range of ～　さまざまな～

□(3) by mistake　誤って

□(4) in particular　特に

□(5) on average　平均して

□(6) in spite of ～　～にもかかわらず

□(7) in turn　その結果

□(8) in vain　むだに

★平均して　★特に　★誤って
★その結果　★むだに　★～にもかかわらず
★さまざまな～　★言い換えれば

2 日本語に合うように，(　　)内の適する熟語を選びましょう。

□(1) Bob hit the ball high (in the air / on air).
ボブはボールを空中高く打ち上げた。

□(2) (In the end / In that case), everything went well.
最後にはすべてうまくいった。

□(3) The team members are (in return / as follows).
チームのメンバーは次の通りだ。

□(4) The project was over (ahead of / behind of) schedule.
計画は予定より前に終わった。

□(5) She behaved (as if / even if) she were the leader of the group.　彼女はまるでグループのリーダーであるかのように振る舞った。

□(6) She sent us a letter (instead of / along with) some vegetables.
彼女は私たちに野菜と一緒に手紙を送ってくれた。

おぼえていなかった熟語は**単語帳 156 ページ**にもどって，もういちど確認しよう。

72 とてもよく出る熟語

その他の熟語③

1 次の熟語の意味をおぼえているか確認しましょう。

□(1) ～ as well　～もまた

□(2) in advance　前もって

□(3) out of order　故障して

□(4) by chance　偶然(ぐうぜん)に

□(5) in terms of ～　～の観点から

□(6) before long　まもなく

□(7) in return for ～　～のお返しに

□(8) at the moment　今のところ

★故障して　★～の観点から　★まもなく
★今のところ　★偶然(ぐうぜん)に　★～のお返しに
★前もって　★～もまた

2 □に単語をあてはめて熟語を完成させましょう。

□(1) Let's go on board the ship.
船に乗ろう。

□(2) I'll let her know about this for sure.
私はこのことを確実に彼女に知らせるつもりだ。

□(3) She was by far the fastest runner in her class.
彼女はクラスの中で飛びぬけて足が速かった。

□(4) Take an umbrella with you in case it rains.
雨に備えて傘(かさ)を持って行きなさい。

□(5) It is not easy to do several tasks at a time.
一度にいくつかの作業をこなすのは簡単ではない。

□(6) What did they say about me behind my back?
彼(かれ)らは私のいないところで私のことをどう言ったの？

おぼえていなかった熟語は**単語帳 158 ページ**にもどって，もういちど確認しよう。

73 とてもよく出る熟語 その他の熟語④

1 次の熟語の意味をおぼえているか確認しましょう。

□(1) in search of ～ ～をさがし求めて
□(2) by no means 決して～でない
□(3) in place of ～ ～の代わりに
□(4) on purpose わざと
□(5) ever since それ以来
□(6) from now on 今後は
□(7) in trouble 困った状態で
□(8) by means of ～ ～を用いて

★～を用いて ★それ以来 ★困った状態で
★わざと ★今後は ★決して～でない
★～をさがし求めて ★～の代わりに

2 日本語に合うように，（　　）内の適する熟語を選びましょう。

□(1) White T-shirts are always (in demand / in advance).
白いＴシャツは常に需要(じゅよう)がある。

□(2) This book is (anything but / in spite of) his masterpiece.
この本は決して彼(かれ)の代表作ではない。

□(3) (In turn / In general), women live longer than men.
一般(いっぱん)に，女性は男性より長生きする。

□(4) My daughter wants a room (of her own / of no use).
娘(むすめ)は自分自身の部屋をほしがっている。

□(5) I met the president (in public / in person).
私は直接，社長に会った。

□(6) (In particular / In short), I disagree with this plan.
要するに，私はこの計画に反対だ。

おぼえていなかった熟語は**単語帳 160 ページ**にもどって，もういちど確認しよう。

74

とてもよく出る熟語

その他の熟語⑤

1 次の熟語の意味をおぼえているか確認しましょう。

□(1) for the time being　当分の間

□(2) back and forth　行ったり来たり

□(3) at any cost　どんな犠牲(ぎせい)を払(はら)っても

□(4) as for ～　～はと言うと

□(5) millions of ～　無数の～

□(6) on the contrary　それどころか

□(7) out of date　時代遅れ(じだいおく)で[の]

□(8) to some extent　ある程度は

★ある程度は　★無数の～　★時代遅(じだいおく)れで[の]
★行ったり来たり　★それどころか　★どんな犠牲(ぎせい)を払(はら)っても
★～はと言うと　★当分の間

2 ［　］に単語をあてはめて熟語を完成させましょう。

□(1) Keep this note at hand.
このメモを手元に持っていなさい。

□(2) What she is saying is true, in a sense.
彼女(かのじょ)が言っていることはある意味で，本当だ。

□(3) As a matter of fact, I have visited the place before.
実のところ，私は以前その場所を訪れたことがある。

□(4) I know for certain he is from Paris.
彼がパリ出身であることを私は確かに知っている。

□(5) This room would hold only ten people at most.
この部屋にはせいぜい10人しか入れないだろう。

□(6) Select five names at random from this list.
このリストから無作為(むさくい)に5人の名前を選びなさい。

おぼえていなかった熟語は**単語帳 162 ページ**にもどって，もういちど確認しよう。

75 とてもよく出る熟語 その他の熟語⑥

1 次の熟語の意味をおぼえているか確認しましょう。

□(1) on the whole　全体的に見て
□(2) in shape　体調がよくて
□(3) on demand　要求があり次第
□(4) in the first place　そもそも
□(5) on account of ～　～のために
□(6) in the long run　長い目で見れば
□(7) not to mention ～　～は言うまでもなく
□(8) in the meantime　その間に

★そもそも　★長い目で見れば　★～は言うまでもなく
★その間に　★体調がよくて　★～のために
★要求があり次第　★全体的に見て

2 日本語に合うように，(　　)内の適する熟語を選びましょう。

□(1) It is embarrassing to argue (in public / in short).
人前で言い合いをすることは恥ずかしい。

□(2) These old computers are still (in turn / in use).
これらの古いコンピューターはいまだに使われている。

□(3) I have something to tell her (in private / in service).
私は内緒で彼女に話すべきことがある。

□(4) (In effect / In time), we will have less income.
事実上，私たちは収入が少なくなるだろう。

□(5) He solved the difficult problem (on the spot / on his own).
彼は独力でその難しい問題を解決した。

□(6) (Now that / Except that) I've gotten my smartphone, contact me anytime.　もう私はスマートフォンを買ったのだから，いつでも連絡をください。

おぼえていなかった熟語は**単語帳 164 ページ**にもどって，もういちど確認しよう。

76 よく出る熟語
動詞の働きをする熟語①

1 次の熟語の意味をおぼえているか確認しましょう。

□(1) bear ～ in mind　～を心に留める
□(2) put ～ into practice　～を実行する
□(3) look down on ～　～を見下す
□(4) pass on ～ to ...　…に～を伝える
□(5) major in ～　～を専攻（せんこう）する
□(6) look into ～　～を調べる
□(7) make a difference　違（ちが）いを生む
□(8) make *one's* way　前進する

★…に～を伝える　★違（ちが）いを生む　★前進する
★～を見下す　★～を実行する　★～を専攻（せんこう）する
★～を調べる　★～を心に留める

2 □に単語をあてはめて熟語を完成させましょう。

□(1) My grandfather passed away last year.
私の祖父は昨年亡くなった。

□(2) Stop making fun of your sister, Jim!
妹をからかうのはやめなさい，ジム！

□(3) He poured water on the fire to put it out.
彼は火を消すために水をかけた。

□(4) The accident held up traffic for an hour.
その事故が1時間交通を遅（おく）らせた。

□(5) We decided to put aside our differences.
私たちは意見の相違（そうい）を考えないことにすると決めた。

□(6) I'll make do with a quick snack for lunch.
昼食は軽食で済ますつもりだ。

おぼえていなかった熟語は**単語帳168ページ**にもどって，もういちど確認しよう。

77 よく出る熟語
動詞の働きをする熟語②

1 次の熟語の意味をおぼえているか確認しましょう。

□(1) continue to *do* ～し続ける
□(2) watch out for ～ ～に気をつける
□(3) send out ～ ～を派遣(はけん)する
□(4) remind ～ of ... ～に…を思い起こさせる
□(5) connect ～ to ... ～を…に接続する
□(6) show up 姿を見せる
□(7) refrain from *doing* ～するのを慎(つつし)む
□(8) be accustomed to ～ ～に慣れている

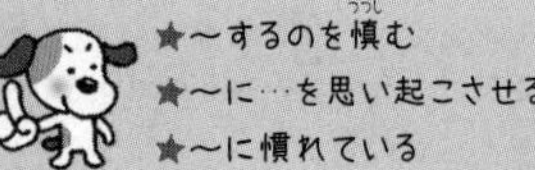

★～するのを慎(つつし)む ★～に気をつける ★～し続ける
★～に…を思い起こさせる ★～を派遣(はけん)する ★姿を見せる
★～に慣れている ★～を…に接続する

2 日本語に合うように，(　)内の適する熟語を選びましょう。

□(1) Let's (try out / refer to) the program he wrote.
彼(かれ)が書いたプログラムを試してみよう。

□(2) We wanted to (drop out / turn away) from the scene.
私たちはその現場から目をそらしたかった。

□(3) Please (stand by / call in) for take-off.
離陸(りりく)に備えて待機してください。

□(4) She (brought up / sat up) all night surfing the Internet.
彼女(かのじょ)はインターネットをして一晩中起きていた。

□(5) I cannot (find fault with / put up with) her selfishness anymore. 私はもう彼女のわがままを我慢(がまん)することができない。

□(6) He was tall and (took out / stood out) among his classmates.
彼は長身でクラスメートの中でも目立った。

おぼえていなかった熟語は**単語帳 170 ページ**にもどって，もういちど確認しよう。

78 よく出る熟語

動詞の働きをする熟語③

1 次の熟語の意味をおぼえているか確認しましょう。

□(1) charge ～ for ...　～に…を請求(せいきゅう)する

□(2) be forced to *do*　～せざるを得ない

□(3) blame ～ for ...　…を～のせいにする

□(4) apply ～ to ...　～を…に適用する

□(5) be absorbed in ～　～に没頭(ぼっとう)している

□(6) be acquainted with ～　～と顔見知りである

□(7) find *one's* way　たどり着く

□(8) be ashamed of ～　～を恥(は)ずかしく思っている

★～を…に適用する　★～に…を請求(せいきゅう)する　★～と顔見知りである
★～せざるを得ない　★～を恥(は)ずかしく思っている　★…を～のせいにする
★～に没頭(ぼっとう)している　★たどり着く

2 □に単語をあてはめて熟語を完成させましょう。

□(1) She is done with that group.
彼女はそのグループと関わるのをやめている。

□(2) She took up knitting as a hobby.
彼女は趣味(しゅみ)として編み物を始めた。

□(3) The voice was familiar to us.
その声は私たちになじみがあった。

□(4) The city hall is located in the center of the city.
市役所は市の中心部に位置している。

□(5) Those old records are hard to come by.
それらの古いレコードを手に入れるのは困難だ。

□(6) We could not agree on that point.
私たちはその点について合意することができなかった。

おぼえていなかった熟語は**単語帳 172 ページ**にもどって，もういちど確認しよう。

79 よく出る熟語

動詞の働きをする熟語④

1 次の熟語の意味をおぼえているか確認しましょう。

□(1) give in ～ ～を提出する

□(2) keep up ～ ～を維持する

□(3) fail to *do* ～し損なう

□(4) go on to *do* 続けて～する

□(5) connect ～ with ... ～を…と関連づける

□(6) come into being 生じる

□(7) decorate ～ with ... ～を…で飾る

□(8) compensate ～ for ... ～に…を補償する

★続けて～する ★～を提出する ★生じる
★～を…で飾る ★～に…を補償する ★～し損なう
★～を…と関連づける ★～を維持する

2 □に単語をあてはめて熟語を完成させましょう。

□(1) A heavy responsibility fell on me.
重責が私にのしかかった。

□(2) Please feel free to eat this fruit.
こちらのくだものをご自由にお食べください。

□(3) Hard work makes for success.
努力は成功に役立つ。

□(4) Make sure of the departure time.
出発時刻を確かめなさい。

□(5) All bad things come to an end.
どんな悪いことも終わるものだ。

□(6) I'll pay you back tomorrow.
私は明日あなたに借りたお金を返すつもりだ。

おぼえていなかった熟語は**単語帳 174 ページ**にもどって，もういちど確認しよう。

80 よく出る熟語

動詞の働きをする熟語⑤

1 次の熟語の意味をおぼえているか確認しましょう。

□(1) meet *one's* needs　～のニーズを満たす
□(2) be obliged to *do*　～するよう義務づけられている
□(3) be concerned with ～　～に関心がある
□(4) put together ～　～を組み立てる
□(5) come to *do*　～するようになる
□(6) give in to ～　～に屈する
□(7) put ～ into ...　…に～をつぎ込む
□(8) would rather *do*　むしろ～したい

★～に関心がある　★…に～をつぎ込む　★～するようになる
★むしろ～したい　★～のニーズを満たす　★～に屈する
★～を組み立てる　★～するよう義務づけられている

2 日本語に合うように，(　　)内の適する熟語を選びましょう。

□(1) Jim, lunch (is in / is on) me today.
ジム，今日のランチは私のおごりだよ。

□(2) She has to (respond to / pull off) his e-mail.
彼女は彼のメールに答えなければならない。

□(3) I (am engaged in / am accustomed to) agriculture.
私は農業に従事している。

□(4) Workers came over to (take down / hand in) this house.
この家を解体するために作業員がやって来た。

□(5) He is unable to (pick out / speak out) in public.
彼は人前ではっきりと意見を述べることができない。

□(6) The man (was guilty of / was aware of) theft.
男は窃盗の罪を犯していた。

おぼえていなかった熟語は**単語帳 176 ページ**にもどって，もういちど確認しよう。

81 よく出る熟語 動詞の働きをする熟語⑥

1 次の熟語の意味をおぼえているか確認しましょう。

□(1) be cautious of ～　～について慎重（しんちょう）である

□(2) be worthy of ～　～に値する

□(3) be at risk　危険な状態である

□(4) be as good as *one's* word　約束を守る

□(5) be fed up with ～　～にうんざりしている

□(6) be at a loss for ～　～に困っている

□(7) be beneficial to ～　～にとって有益である

□(8) be bound for ～　～へ向かう

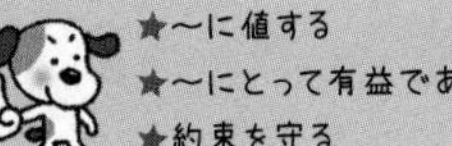

★～に値する　★～へ向かう　★～に困っている
★～にとって有益である　★～について慎重（しんちょう）である　★危険な状態である
★約束を守る　★～にうんざりしている

2 日本語に合うように，(　　)内の適する熟語を選びましょう。

□(1) I (am confident of / am aware of) his victory.
私は彼（かれ）の勝利を確信している。

□(2) He (is conscious of / is familiar with) his weight.
彼は体重を気にしている。

□(3) Never (put off / cut off) what you can do today.
今日できることを決して延期してはならない。

□(4) Let me (glance at / think over) what you said.
あなたが言ったことをじっくり考えさせてください。

□(5) I want to (hand down / bring back) the village traditions to future generations.　私は将来の世代に村の伝統を伝えたい。

□(6) She (was subject to / was ignorant of) the dangers of the Internet.　彼女（かのじょ）はインターネットの危険性を知らなかった。

おぼえていなかった熟語は**単語帳 178 ページ**にもどって，もういちど確認しよう。

82 よく出る熟語 動詞の働きをする熟語⑦

1 次の熟語の意味をおぼえているか確認しましょう。

□(1) fit in with ～　～とうまくやっていく

□(2) cross out ～　～を線を引いて消す

□(3) be relieved to *do*　～して安心する

□(4) be too much for ～　～には手に負えない

□(5) be indifferent to ～　～に無関心である

□(6) be inferior to ～　～より劣(おと)っている

□(7) be peculiar to ～　～に特有のものである

□(8) be liable to *do*　～しがちである

★～して安心する　★～に無関心である　★～には手に負えない
★～しがちである　★～より劣(おと)っている　★～を線を引いて消す
★～とうまくやっていく　★～に特有のものである

2 □に単語をあてはめて熟語を完成させましょう。

□(1) The boy called out, "Help!"
少年は「助けて！」と大声で叫(さけ)んだ。

□(2) Did he burst into tears?
彼は突然(とつぜん)泣き出したのですか。

□(3) I am suspicious of his story.
私は彼の話を疑っている。

□(4) They called for peace at the event.
彼らはそのイベントで声を上げて平和を求めた。

□(5) I think these words are suitable for this melody.
私はこの歌詞はこのメロディーに適していると思う。

□(6) I have to do without a smartphone for a week.
私は１週間スマートフォンなしで済まさなくてはならない。

おぼえていなかった熟語は**単語帳 180 ページ**にもどって，もういちど確認しよう。

よく出る熟語

83 動詞の働きをする熟語⑧

1 次の熟語の意味をおぼえているか確認しましょう。

□(1) might as well *do* ～する方がましだ

□(2) keep an eye on ～ ～から目を離さないでいる

□(3) make a face しかめっ面をする

□(4) have a word with ～ ～とちょっと話す

□(5) know better than to *do* ～するほど愚かではない

□(6) hang on to ～ ～にしがみつく

□(7) give birth to ～ ～を産む

□(8) get on *one's* nerves ～をいらいらさせる

★しかめっ面をする ★～をいらいらさせる ★～とちょっと話す
★～から目を離さないでいる ★～にしがみつく ★～を産む
★～する方がましだ ★～するほど愚かではない

2 日本語に合うように，(　　)内の適する熟語を選びましょう。

□(1) (Look out for / Find fault with) thieves in that area.
その地域ではどろぼうに気をつけて。

□(2) She (handed out / figured out) the flyers to people.
彼女は人々にビラを配った。

□(3) At that moment, I (lacked for / hit on) a good idea.
その瞬間，私はいいアイデアを思いついた。

□(4) When I looked at her, she (dropped out / looked away).
私が彼女を見ると，彼女は目をそらした。

□(5) That event (got along with / gave rise to) a war between the two countries. その出来事が２国間の戦争を引き起こした。

□(6) Twenty departments in all (make up / make out) this organization. 全部で 20 の部署がこの組織を構成している。

おぼえていなかった熟語は**単語帳 182 ページ**にもどって，もういちど確認しよう。

84 よく出る熟語
動詞の働きをする熟語⑨

1 次の熟語の意味をおぼえているか確認しましょう。

□(1) be under way　進行中である
□(2) be on the run　逃走中である
□(3) show ～ into ...　～を…に案内する
□(4) owe ～ to ...　～は…のおかげである
□(5) take account of ～　～を考慮に入れる
□(6) send off ～　～を発送する
□(7) put ～ through to ...　(電話で)～を…につなぐ
□(8) take in ～　～を迎え入れる

★～を考慮に入れる　★～は…のおかげである　★～を発送する
★進行中である　★～を…に案内する　★～を迎え入れる
★逃走中である　★(電話で)～を…につなぐ

2 ［　］に単語をあてはめて熟語を完成させましょう。

□(1) I stayed out till late yesterday.
私は昨日遅くまで家に帰らなかった。

□(2) The car almost ran over a cat.
車はネコをひくところだった。

□(3) We set off for London this morning.
私たちは今朝ロンドンへ向けて出発した。

□(4) He took on the task of checking the data.
彼はデータのチェック作業を請け負った。

□(5) He put forward the idea of building a new school.
彼は学校を新設する考えを提案した。

□(6) People in the area pulled together to clean up the river.
地域の人々は川を清掃するために協力した。

おぼえていなかった熟語は**単語帳 184 ページ**にもどって，もういちど確認しよう。

85

よく出る熟語

その他の熟語①

1 次の熟語の意味をおぼえているか確認しましょう。

□(1) no matter what ～ 何を～しても

□(2) as a whole 全体として

□(3) sooner or later 遅(おそ)かれ早かれ

□(4) what is called いわゆる

□(5) for lack of ～ ～の不足のために

□(6) out of control 制御(せいぎょ)できない

□(7) a great deal of ～ (量が)たくさんの～

□(8) provided that ～ ～という条件で

★～という条件で ★遅(おそ)かれ早かれ ★制御(せいぎょ)できない
★全体として ★(量が)たくさんの～ ★～の不足のために
★いわゆる ★何を～しても

2 日本語に合うように，(　　)内の適する熟語を選びましょう。

□(1) I decided to join the group (on the spot / in the long run).
私はすぐその場でそのグループに入ることに決めた。

□(2) (As far as / As if) I know, the station will be rebuilt soon.
私の知る限り，もうすぐ駅は建(た)て替(か)えられる。

□(3) The sky became darker (in effect / by degrees).
空は徐々(じょじょ)に暗くなった。

□(4) (In charge of / In response to) a request, he sang one more song. リクエストにこたえて，彼(かれ)はもう１曲歌った。

□(5) The animals were (in danger of / in place of) dying because of the forest fire. 山火事で動物たちが死の危険にさらされていた。

□(6) She attended (a wide range of / a series of) meetings this week. 彼女(かのじょ)は今週一連の会議に出席した。

おぼえていなかった熟語は**単語帳 186 ページ**にもどって，もういちど確認しよう。

86 よく出る熟語 その他の熟語②

1 次の熟語の意味をおぼえているか確認しましょう。

- □(1) regardless of ～　～にかかわらず
- □(2) so as to *do*　～するように
- □(3) ～ enough to *do*　…するほど十分に～
- □(4) for the benefit of ～　～のために
- □(5) for nothing　無料で
- □(6) if ～ were to *do*　仮に～が…するようなことがあれば
- □(7) on behalf of ～　～を代表して
- □(8) contrary to ～　～に反して

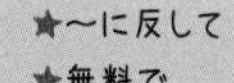

★～に反して　★～のために　★…するほど十分に～
★無料で　★～を代表して　★～にかかわらず
★～するように　★仮に～が…するようなことがあれば

2 ＿に単語をあてはめて熟語を完成させましょう。

□(1) I have been on the go all day.
私は１日中ずっととても忙しくしている。

□(2) He is on duty now.
彼は今勤務時間中だ。

□(3) Wide-legged pants were in fashion at that time.
その当時は幅広のズボンが流行していた。

□(4) I felt out of place in the room.
その部屋で私は場違いな感じがした。

□(5) They put several sculptures in place for the exhibition.
彼らは展示のため，いくつかの彫刻を適所に設置した。

□(6) He can speak Spanish, still more English.
彼はスペイン語を話せる，英語はなおさらだ。

おぼえていなかった熟語は**単語帳 188 ページ**にもどって，もういちど確認しよう。

87 よく出る熟語 その他の熟語③

1 次の熟語の意味をおぼえているか確認しましょう。

□(1) behind schedule　予定より遅(おく)れて
□(2) but for ～　～がなければ
□(3) a large amount of ～　大量の～
□(4) at all costs　何としてでも
□(5) as time goes by　時間がたつにつれて
□(6) aside from ～　～を除けば
□(7) as a matter of course　当然のこととして
□(8) as is often the case with ～　～にはよくあることだが

ヒント
★～を除けば　★～にはよくあることだが　★当然のこととして
★～がなければ　★大量の～　★時間がたつにつれて
★何としてでも　★予定より遅(おく)れて

2 日本語に合うように，(　　)内の適する熟語を選びましょう。

□(1) Call me anytime (at the moment / (at your convenience)).
いつでもあなたの都合のよいときに電話してね。

□(2) The museum is closed ((at present) / at a time).
美術館は現在休館中だ。

□(3) Unfortunately, that shirt was ((out of stock) / out of control).
残念ながら，そのシャツは在庫切れだった。

□(4) I guess I got seventy (at worst / (at best)) on yesterday's test.
昨日のテストはせいぜい70点だろうな。

□(5) Such a situation must be avoided ((by all means) / on the spot).
そのような状況(じょうきょう)は何としても避(さ)けられなくてはならない。

□(6) (In short / (As a rule)), business areas are almost empty on holidays.　通例，休日はオフィス街にほとんど人通りがない。

おぼえていなかった熟語は**単語帳 190 ページ**にもどって，もういちど確認しよう。

88 よく出る熟語 その他の熟語④

1 次の熟語の意味をおぼえているか確認しましょう。

□(1) in the way of ～ ～のじゃまになって

□(2) by and large だいたい

□(3) in most cases ほとんどの場合

□(4) in honor of ～ ～に敬意を表して

□(5) for all ～ ～にもかかわらず

□(6) for long 長い間

□(7) for the sake of ～ ～のために

□(8) by contrast 対照的に

★対照的に　★ほとんどの場合　★長い間
★～のために　★～にもかかわらず　★だいたい
★～に敬意を表して　★～のじゃまになって

2 ［　］に単語をあてはめて熟語を完成させましょう。

□(1) I haven't had sushi for ages.
私はひさしく寿司(すし)を食べていない。

□(2) Isabel is an artist by birth.
イザベルは生まれながらの芸術家だ。

□(3) The failure is due in part to timing.
失敗はある程度タイミングによるものだ。

□(4) The case should be investigated in depth.
その事件は徹底的(てっていてき)に調査されるべきだ。

□(5) There are some bikes for hire in front of the station.
駅前に賃貸しの自転車がある。

□(6) Someone called my name by surprise.
だれかが不意に私の名前を呼んだ。

おぼえていなかった熟語は**単語帳 192 ページ**にもどって，もういちど確認しよう。

その他の熟語⑤

1 次の熟語の意味をおぼえているか確認しましょう。

□(1) in comparison with ～　～と比較して

□(2) that is to say　つまり

□(3) out of use　使われていない

□(4) in total　全部で

□(5) inside out　裏表で

□(6) on and off　断続的に

□(7) on the market　売りに出されて

□(8) on the edge of ～　～の寸前で

★使われていない　★売りに出されて　★～の寸前で
★全部で　★つまり　★裏表で
★断続的に　★～と比較して

2 ＿に単語をあてはめて熟語を完成させましょう。

□(1) Hand in this report prior to the meeting.
この報告書を会議より前に提出しなさい。

□(2) No sooner had I gotten home than he called me.
私が帰宅するやいなや彼から電話があった。

□(3) The instructor was on hand to offer advice.
インストラクターはアドバイスをする準備ができていた。

□(4) He caused a car accident off duty.
彼は勤務時間外に自動車事故を起こした。

□(5) The child still cannot write hiragana, much less kanji.
その子はまだひらがなを書けない，まして漢字は書けない。

□(6) He does not like going out, let alone going traveling.
彼は旅行することは言うまでもなく，外出することが好きではない。

おぼえていなかった熟語は**単語帳 194 ページ**にもどって，もういちど確認しよう。

90

よく出る熟語
その他の熟語⑥

1 次の熟語の意味をおぼえているか確認しましょう。

□(1) within reach of ～ ～のすぐ近くの

□(2) what is more その上

□(3) nothing but ～ ただ～だけ

□(4) when it comes to ～ ～のことになると

□(5) on condition that ～ ～という条件で

□(6) speaking of ～ ～と言えば

□(7) with respect to ～ ～に関して

□(8) no more than ～ わずか～にすぎない

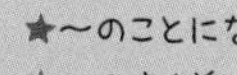

★～のことになると ★～という条件で ★～に関して
★～のすぐ近くの ★その上 ★わずか～にすぎない
★～と言えば ★ただ～だけ

2 に単語をあてはめて熟語を完成させましょう。

□(1) He must be smart by nature.
彼は生まれつき頭がいいにちがいない。

□(2) They are working hard to help people in need.
困っている人々を助けるために，彼らは懸命に働いている。

□(3) The rest of her life was full of happiness.
残りの彼女の人生は幸せいっぱいだった。

□(4) She took a walk in the park for a change.
彼女は気分転換に公園で散歩した。

□(5) This sofa is far from comfortable.
このソファーは決して快適ではない。

□(6) I am writing with regard to your order.
ご注文に関してのご連絡です。

おぼえていなかった熟語は**単語帳 196 ページ**にもどって，もういちど確認しよう。

2 1 0 9 8 7 6 5 4 3
* * D C B